# BASIC DAILY KOREAN 1

저자 **권민지, 김소현, 이소현**  감수 **허용**

## 머리말

<Basic Daily Korean 1>은 한국어 학습 경험이 전혀 없는 외국인 학부생, 교환 학생, 대학원생을 대상으로 한 통합형 한국어 교재입니다. 한글 익히기와 소개하기, 음식 주문하기 등 한국어를 처음 배우는 학습자들이 첫 학기 동안 공부할 내용들을 재미있고 다양한 활동을 통하여 체계적으로 익힐 수 있도록 구성하였습니다.

이 교재는 집필진의 풍부한 학부 수업 경험을 바탕으로 학습자들의 요구를 적극 반영하였고 실제적으로 학습자들에게 가장 필요하고 유용한 주제와 내용을 선정하여 집필하였습니다. 또한 학습자의 수준과 현재의 교육 상황을 충분히 고려하여 각 과의 해당 주제와 내용에 맞게 실제 한국 사람들이 많이 사용하는 어휘, 문법, 표현을 담았습니다.

이 교재는 다른 교재와 달리 다음과 같은 특징이 있습니다.
첫째, 이 교재는 학습자 중심의 여러 언어 기능이 통합된 말하기 활동들로 구성되어 있습니다. 다양하고 풍부한 학습활동으로 별도의 워크북이나 보충 자료 없이 이 교재 한 권만으로도 학습이 가능합니다.
둘째, 이 교재의 한글 익히기는 초급 학습자들이 한글 자모와 그에 따른 발음을 잘 익힐 수 있도록 언어 보편성과 대조언어학적 관점에서 구성하였습니다.
셋째, 이 교재에서는 학습자들이 문법과 표현을 쉽게 접근하여 익힐 수 있도록 학습 내용을 시각화하였습니다.
넷째, 이 교재는 필수 어휘뿐만 아니라 최근 한국의 사회 문화적 변화를 반영한 고빈도 단어 중에서 초급 학습자들에게 필요한 실용적인 단어들을 엄선하여 수록하였습니다.
다섯째, 이 교재는 자가 점검 및 메타 인지를 활용하여 학습 효과를 최대한으로 끌어올릴 수 있도록 하였습니다.
마지막으로 이 교재는 기초 단계에 필요한 학습 내용들이 단계적이고 체계적으로 구성되어 있어 한국어를 처음 가르치는 초보 교수자도 큰 어려움 없이 가르칠 수 있습니다.

이 책을 완성하기까지 즐거운 경험의 연속이었습니다. 장시간 열정적인 토론과 논의를 통해 알찬 결실을 맺을 수 있었습니다. 한국어 학습자들에게 도움을 줄 수 있어 집필자들도 기쁩니다.
본 교재를 꼼꼼히 감수해 주신 한국외국어대학교의 허용 교수님, 그리고 깔끔한 편집과 원활한 소통으로 교재의 완성도를 높여 주신 한글파크 관계자들께 특별히 감사의 마음을 전합니다.

집필진 일동

# 일러두기

<Basic Daily Korean 1>은 1~10과로 구성되어 있다. 1~3과는 한글 익히기로 언어 보편적인 관점에서 그 순서를 제시하여 학습자들이 쉽고 빠르게 익힐 수 있도록 구성하였다. 4~10과는 '어휘→문법→연습→듣기→말하기→활동→자가 점검'의 순으로 구성되어 있다.

## PART1 어휘

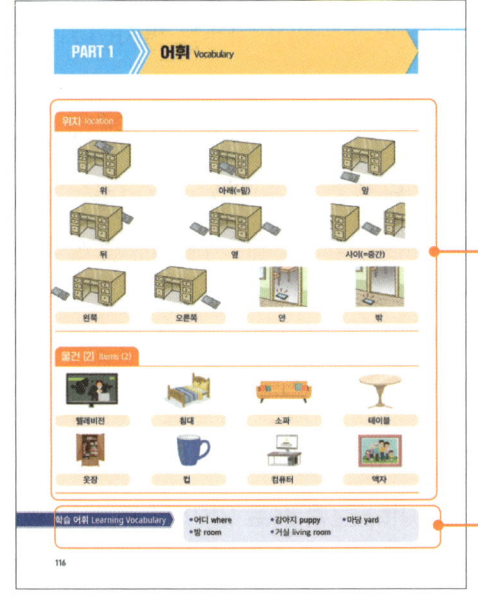

어휘는 주제별 기본 어휘를 바탕으로 학생들의 이해를 돕기 위한 사진과 그림을 제시하였다.

학습 어휘는 주제별 단어를 제외한 해당 과 학습에 필요한 단어와 표현을 제시하였다.

## PART2 문법

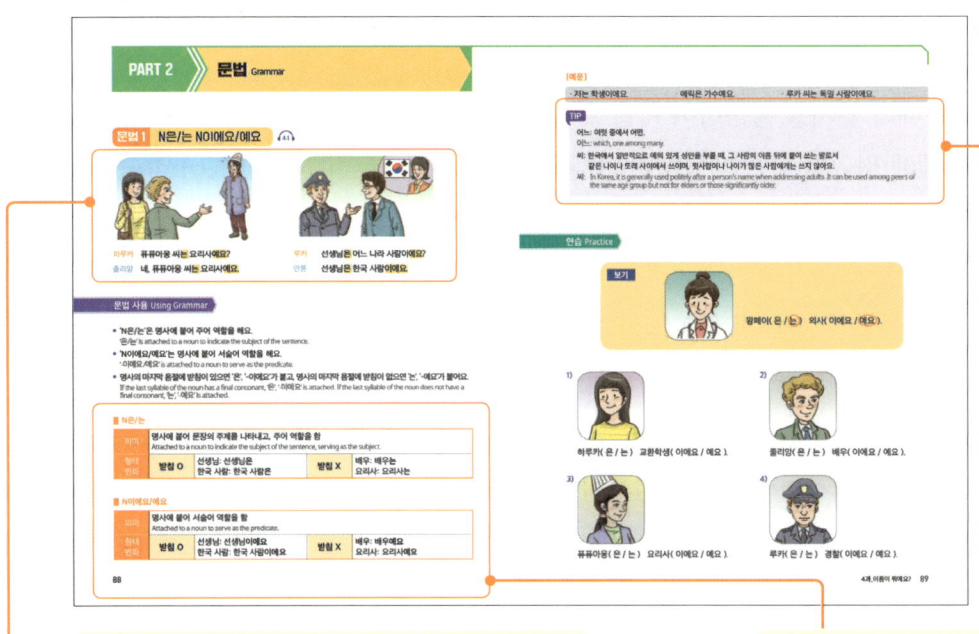

학생들의 문법 오류를 방지하고자 TIP으로 해당 문법의 특이사항 및 유의점을 자세히 제시하였다.

모든 문법은 대화문으로 제시하여 해당 문법이 어떤 상황에 사용되는지를 알 수 있도록 하였다.

문법은 의미와 형태를 표로 정리하여 문법 정보를 쉽게 이해할 수 있도록 하였다.

## PART3 연습

실생활에 적용할 수 있는 대화문으로 연습 문제들을 구성하였다.

## PART4 듣기

일상에서 사용하는 자연스러운 대화들로 해당 과의 학습 내용을 다시 한 번 확인할 수 있도록 지문과 문제들을 구성하였다.

## PART5 말하기

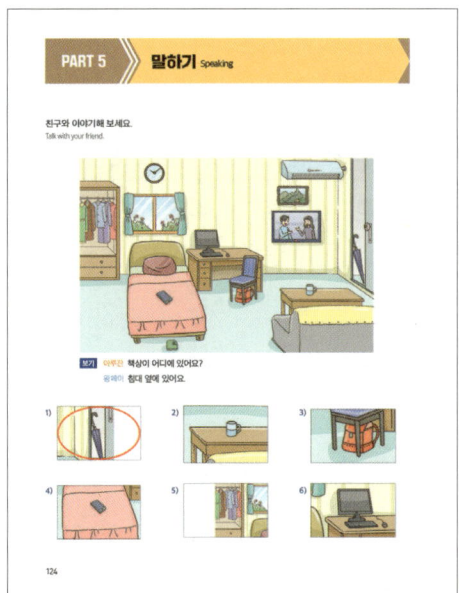

해당 과에서 배운 문법과 어휘를 사용하여 실제 상황에 적용할 수 있는 말하기 활동들로 구성하였다.

## PART6 활동

해당 과에서 학습한 내용을 바탕으로 학생들의 상호 작용을 극대화할 수 있는 통합적인 활동들로 이루어져 있다.

## PART7 자가 점검

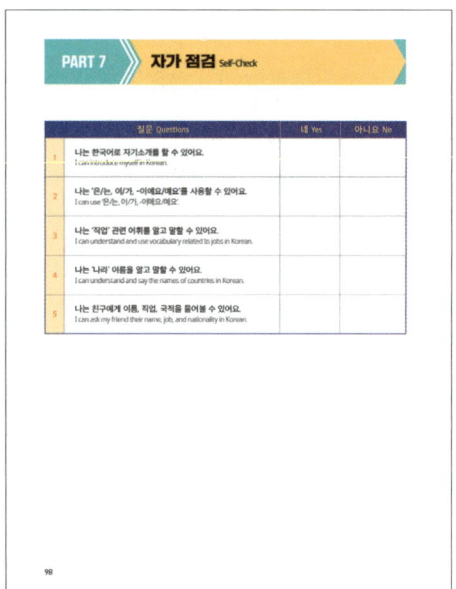

학습자가 해당 과의 학습 목표를 잘 성취하였는지 스스로 확인할 수 있게 하였다.

## 부록

### 듣기 지문

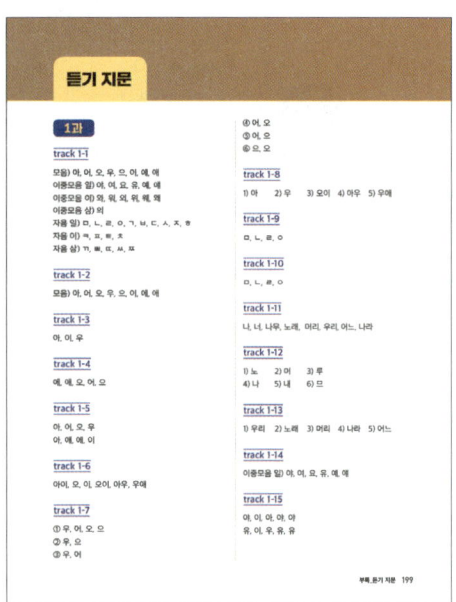

각 과의 듣기 지문을 제공하였다.

### 어휘 색인

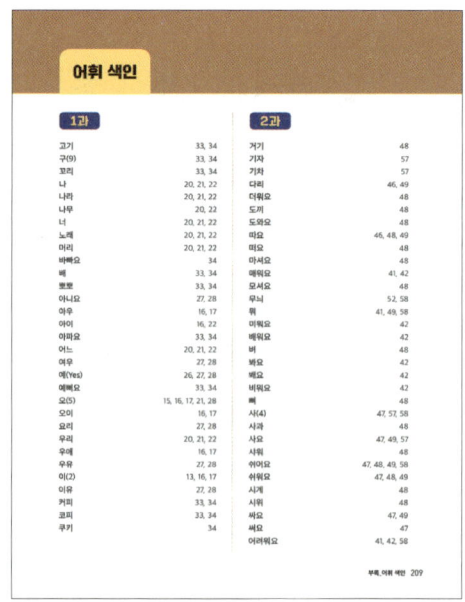

해당 과의 어휘를 번역과 함께 제시하였다.

# 목차

머리말 · 3
일러두기 · 4
교재 구성표 · 8

| 1과 | 한글 (1) | 10 |
| 2과 | 한글 (2) | 36 |
| 3과 | 한글 (3) | 60 |
| 4과 | 이름이 뭐예요? | 84 |
| 5과 | 그것은 누구의 가방이에요? | 100 |
| 6과 | 옷이 어디에 있어요? | 114 |
| 7과 | 얼마예요? | 128 |
| 8과 | 치즈버거도 한 개 주세요 | 142 |
| 9과 | 오늘 뭐 해요? | 160 |
| 10과 | 학교에서 뭐 해요? | 176 |
| 부록 | 정답 | 196 |
|  | 듣기 지문 | 199 |
|  | 어휘 색인 | 209 |

## 교재 구성표

| 과<br>Lesson | 제목<br>Title | 학습 내용<br>Learning Content |
|---|---|---|
| 1 | 한글 (1) | 1) 모음 ㅏ, ㅣ, ㅜ, ㅔ, ㅐ, ㅗ, ㅓ, ㅡ<br>2) 자음(1) ㅁ, ㄴ, ㄹ, ㅇ<br>3) 이중모음(1) ㅑ, ㅠ, ㅖ, ㅒ, ㅛ, ㅕ<br>4) 자음(2) ㅍ, ㅂ, ㅃ, ㅋ, ㄱ, ㄲ |
| 2 | 한글 (2) | 1) 이중모음(2) ㅘ, ㅝ, ㅟ, ㅚ, ㅙ, ㅞ<br>2) 자음(3) ㅌ, ㄷ, ㄸ, ㅅ, ㅆ<br>3) 이중모음(3) ㅢ<br>4) 자음(4) ㅊ, ㅈ, ㅉ, ㅎ |
| 3 | 한글 (3) | 1) 받침 ㅁ, ㄴ, ㄹ, ㅇ<br>2) 받침 ㄱ, ㅂ, ㄷ |
|   | 부록 | 1) 한국어의 발음 규칙, 겹받침<br>2) 인사 표현<br>3) 교실 용어<br>4) 한국어 기본 문법 |

| 과<br>Lesson | 제목<br>Title | 문법 및 표현<br>Grammar & Expressions | 어휘<br>Vocabulary | 상황(기능)<br>Situation(Function) |
|---|---|---|---|---|
| 4 | 이름이 뭐예요? | N은/는 N이에요/예요<br>N이/가<br>N은/는 N이/가 아니에요 | 국가,<br>직업 | 소개하기 |
| 5 | 그것은 누구의 가방이에요? | 이것/그것/저것<br>N의 N | 물건(1) | 사물 이름 말하기<br>누구의 물건인지 대답하기 |
| 6 | 옷이 어디에 있어요? | N(위치)에 있어요/없어요<br>N와/과 | 위치,<br>물건(2) | 위치 묻고 대답하기 |
| 7 | 얼마예요? | 숫자 1<br>숫자 2 | 숫자<br>(한자어),<br>돈 | 계산하기(돈 읽기) |
| 8 | 치즈버거도 한 개 주세요. | 단위명사<br>N + 주세요<br>그리고, 도 | 음식,<br>숫자<br>(고유어) | 음식/음료 주문하기 |
| 9 | 오늘 뭐 해요? | A/V-아요/-어요/-해요(1)<br>N을/를<br>시간N + 에 | 기본동사,<br>시간표현 | 시간 읽고 말하기 |
| 10 | 학교에서 공부를 해요? | A/V-아요/-어요/-해요(2)<br>N에 가다/오다/다니다<br>장소 명사 + 에서 + V<br>안+A/V | 장소 | 하루 일과 말하기 |

# 1과
Lesson 1

# 한글 ①

Hangeul (1)

### 학습 목표 Learning Objectives

1. 모음과 자음을 읽고 쓸 수 있어요.
   I can read and write Korean vowels and consonants.

2. 모음과 자음이 결합된 글자를 읽을 수 있어요.
   I can read Korean characters that combine vowels and consonants.

3. 모음과 자음이 결합된 어휘를 바르게 읽고 쓸 수 있어요.
   I can read and write Korean vocabulary that correctly combines vowels and consonants.

# PART 1. 모음 Vowels

ㅏ, ㅣ, ㅜ, ㅔ, ㅐ, ㅗ, ㅓ, ㅡ

🔊 **한글 전체듣기: 한글 발음을 들으세요.** 🎧 1-1
Listening to Hangeul: Listen to Hangeul.

🔊 **모음 듣기: 모음을 들으세요.** 🎧 1-2
Listening to Vowels: Listen to vowels.

## 모음 Vowels

| 모음<br>Single vowels | ㅏ | ㅓ | ㅗ | ㅜ | ㅡ | ㅣ | ㅔ | ㅐ |
|---|---|---|---|---|---|---|---|---|
| 이중 모음 (1)<br>Double vowels (1) | ㅑ | ㅕ | ㅛ | ㅠ | | | ㅖ | ㅒ |
| 이중 모음 (2)<br>Double vowels (2) | ㅘ | ㅝ | ㅚ | ㅟ | | | ㅞ | ㅙ |
| 이중 모음 (3)<br>Double vowels (3) | | | | | ㅢ | | | |

## 자음 Consonants

| 자음 (1)<br>Consonants (1) | ㅁ | ㄴ | ㄹ | ㅇ | ㄱ | ㅂ | ㄷ | ㅅ | ㅈ | ㅎ |
|---|---|---|---|---|---|---|---|---|---|---|
| 자음 (2)<br>Consonants (2) | | | | | ㅋ | ㅍ | ㅌ | | ㅊ | |
| 자음 (3)<br>Consonants (3) | | | | | ㄲ | ㅃ | ㄸ | ㅆ | ㅉ | |

**TIP**

한국어의 모음은 입모양, 입이 벌어지는 정도에 따라 다르게 발음해요.
Korean vowels are pronounced differently depending on the shape of the mouth and how wide the mouth opens.

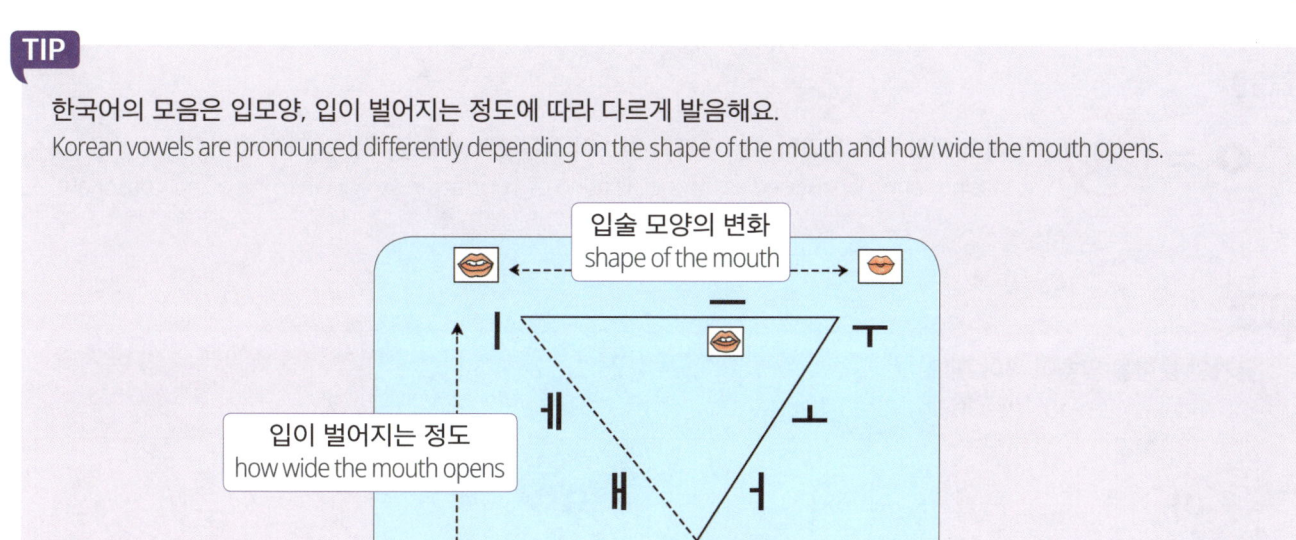

## 1 ㅏ, ㅣ, ㅜ

다음을 듣고 발음하세요. (입모양을 따라 하세요.) 🎧 1-3
Listen and pronounce the following. (Follow the mouth shape.)

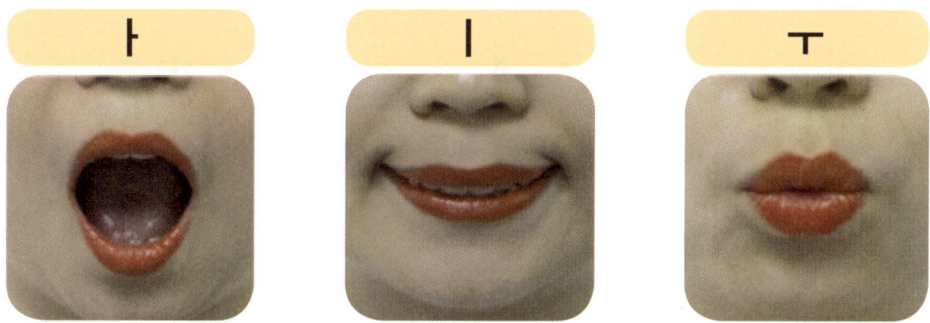

다음을 읽고 쓰세요.
Read and write the following.

| 모음 Vowels | 연습 Practice | | | | | |
|---|---|---|---|---|---|---|
| 아 | 아 | 아 | 아 | 아 | | |
| 이 | 이 | 이 | 이 | | | |
| 우 | 우 | 우 | 우 | 우 | | |

## PART 1. 모음 ㅏ, ㅣ, ㅜ, ㅔ, ㅐ, ㅗ, ㅓ, ㅡ

**TIP**

ㅇ =    'ㅇ'이 받침일 때를 제외하고는 글자의 첫소리 모음으로 사용될 때는 음가가 없어요.
'o' has no sound when used as the initial sound of a character, except when it is a final consonant.

**TIP**

글자의 균형을 맞추어 써야 해요.
You should write each letter in a balanced shape.

| 아 | 아 아 아 | 우 | 우 우 우 |
|---|---|---|---|
| (O) | (X) | (O) | (X) |

### 2   ㅔ, ㅐ, ㅗ, ㅓ, ㅡ

다음을 듣고 발음하세요. (입모양을 따라 하세요.) 🎧 1-4
Listen and pronounce the following. (Follow the mouth shape.)

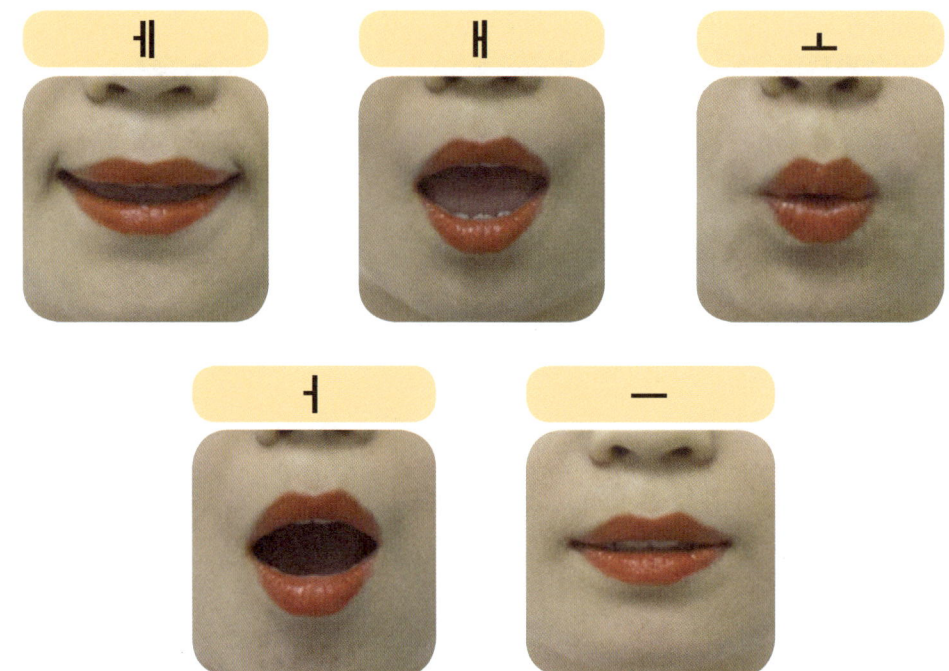

**TIP**

ㅔ ≒ ㅐ   'ㅔ'와 'ㅐ'는 매우 비슷한 소리로 발음해요.
'ㅔ' and 'ㅐ' are pronounced very similarly.

 소리를 듣고 입모양에 주의하면서 발음하세요. 1-5
Listen to the sound and pay attention to the mouth shape while pronouncing.

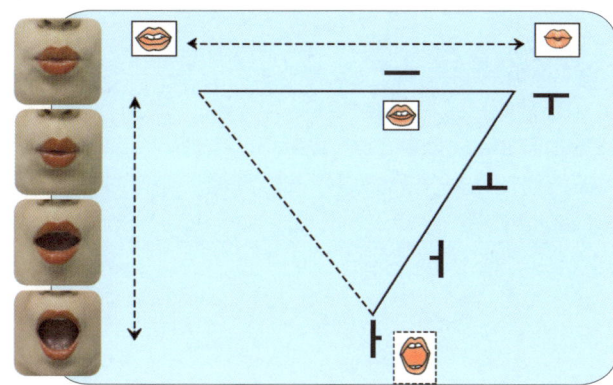 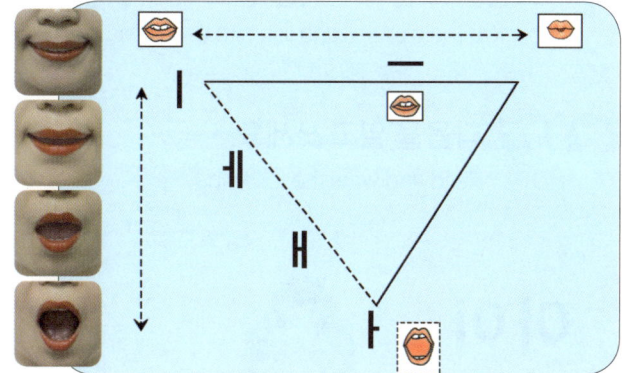

**TIP**
'오'와 '어' 발음을 유의해서 들어보세요.
Listen carefully '오', '어'.

 다음을 읽고 쓰세요.
Read and write the following.

| 모음 Vowels | 연습 Practice | | | | | | |
|---|---|---|---|---|---|---|---|
| 에 | 에 | 에 | 에 | 에 | | | |
| 애 | 애 | 애 | 애 | 애 | | | |
| 오 | 오 | 오 | 오 | 오 | | | |
| 어 | 어 | 어 | 어 | 어 | | | |
| 으 | 으 | 으 | | 으 | | | |

1과_한글 (1)

# PART 1. 모음  ㅏ, ㅣ, ㅜ, ㅔ, ㅐ, ㅗ, ㅓ, ㅡ

## 어휘 Vocabulary

 그림을 보면서 단어를 들으세요. 🎧 1-6
Look at the pictures and listen to the words.

 다음을 읽고 쓰세요.
Read and write the following.

| | | | | | |
|---|---|---|---|---|---|
| **아이**<br>child | | 아이 | | | |
| **오**<br>five | | 오 | | | |
| **이**<br>two | | 이 | | | |
| **오이**<br>cucumber | | 오이 | | | |
| **아우**<br>younger brother | | 아우 | | | |
| **우애**<br>brotherly love | | 우애 | | | |

## 연습 Practice

🔊 **1. 다음을 잘 들으세요.** 🎧 1-7
Listen carefully to the following.

① 우, 어, 오, 으

② 우, 으   ③ 우, 어

④ 어, 오   ⑤ 어, 으   ⑥ 으, 오

🔊 **2. 다음을 잘 듣고 알맞은 것을 고르세요.** 🎧 1-8
Listen carefully to the following and choose the correct one.

1) ① 어   ② 아   ③ 으   ④ 이

2) ① 오   ② 어   ③ 우   ④ 으

3) ① 오이   ② 오아   ③ 으이   ④ 우이

4) ① 아으   ② 어이   ③ 아우   ④ 우오

5) ① 아에   ② 우애   ③ 이애   ④ 에우

🔊 **3. 친구의 발음을 듣고 알맞은 것을 고르세요.**
Listen to your friend's pronunciation and choose the correct one.

1) ① 우 ② 으   2) ① 어 ② 오

3) ① 어 ② 으   4) ① 우 ② 오

5) ① 아 ② 어 ③ 으   6) ① 이 ② 애 ③ 오

7) ① 으 ② 이 ③ 우   8) ① 에 ② 어 ③ 아

9) ① 우 ② 어 ③ 오 ④ 으   10) ① 아 ② 에 ③ 오 ④ 어

# PART 2. 자음 (1) Consonants (1)   ㅁ, ㄴ, ㄹ, ㅇ

🔊 자음 듣기: 자음을 들으세요. 🎧 1-9
Listening to Consonants: Listen to consonants.

## 모음 Vowels

| 모음<br>Single vowels | ㅏ | ㅓ | ㅗ | ㅜ | ㅡ | ㅣ | ㅔ | ㅐ |
|---|---|---|---|---|---|---|---|---|
| 이중 모음 (1)<br>Double vowels (1) | ㅑ | ㅕ | ㅛ | ㅠ | | | ㅖ | ㅒ |
| 이중 모음 (2)<br>Double vowels (2) | ㅘ | ㅝ | ㅚ | ㅟ | | | ㅞ | ㅙ |
| 이중 모음 (3)<br>Double vowels (3) | | | | | ㅢ | | | |

## 자음 Consonants

| 자음 (1)<br>Consonants (1) | ㅁ | ㄴ | ㄹ | ㅇ | ㄱ | ㅂ | ㄷ | ㅅ | ㅈ | ㅎ |
|---|---|---|---|---|---|---|---|---|---|---|
| 자음 (2)<br>Consonants (2) | | | | | ㅋ | ㅍ | ㅌ | | ㅊ | |
| 자음 (3)<br>Consonants (3) | | | | | ㄲ | ㅃ | ㄸ | ㅆ | ㅉ | |

## 듣고 발음하세요.
Listen and pronounce the following.

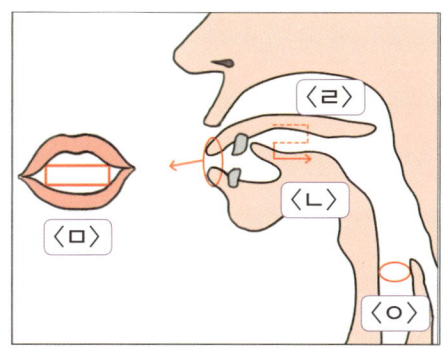

한국어의 자음은 소리가 나는 조음 위치의 모양에 따라 만들어졌어요.
Korean consonants are designed based on the place where the sounds are made.

## 다음을 쓰고 발음하세요.
Write and pronounce the following.

| 자음 Consonants | 순서 stroke order | | | 연습 Practice | | |
|---|---|---|---|---|---|---|
| ㅁ | ㅁ | ㅁ | ㅁ | ㅁ | | |
| ㄴ | | ㄴ | | ㄴ | | |
| ㄹ | ㄹ | ㄹ | ㄹ | ㄹ | | |
| ㅇ | | ㅇ | | ㅇ | | |

## 다음을 쓰고 읽으세요.
Write and read the following.

| 자음 Consonants | ㅏ | ㅣ | ㅗ | ㅜ | ㅓ | ㅡ |
|---|---|---|---|---|---|---|
| ㅁ | 마 | | | | | |
| ㄴ | | | | | | |
| ㄹ | | | | | | |
| ㅇ | | | | | | |

# PART 2. 자음 (1)  ㅁ, ㄴ, ㄹ, ㅇ

## 어휘 Vocabulary

 그림을 보면서 단어를 들으세요. 1-11
Look at the pictures and listen to the words.

 다음을 읽고 쓰세요.
Read and write the following.

| | | | | | |
|---|---|---|---|---|---|
| 나<br>I, me | | 나 | | | |
| 너<br>you | | 너 | | | |
| 나무<br>tree, wood | | 나무 | | | |
| 노래<br>song | | 노래 | | | |
| 머리<br>head | | 머리 | | | |
| 우리<br>we, us | | 우리 | | | |
| 어느<br>which | | 어느 | | | |
| 나라<br>country | | 나라 | | | |

20

## 연습 Practice

 **1. 다음을 잘 듣고 알맞은 것을 고르세요.**
Listen carefully to the following and choose the correct one.

1) ① 모　　② 로　　③ 노　　④ 오
2) ① 너　　② 머　　③ 어　　④ 러
3) ① 우　　② 무　　③ 누　　④ 루
4) ① 나　　② 라　　③ 너　　④ 러
5) ① 레　　② 내　　③ 로　　④ 노
6) ① 으　　② 므　　③ 느　　④ 르

 **2. 다음을 잘 듣고 알맞은 것을 고르세요.**
Listen carefully to the following and choose the correct one.

1) ① 우리　　② 우니　　③ 어리　　④ 으니
2) ① 로래　　② 너래　　③ 노래　　④ 모래
3) ① 어리　　② 러리　　③ 머리　　④ 너리
4) ① 너라　　② 노로　　③ 라라　　④ 나라
5) ① 어누　　② 어느　　③ 어르　　④ 아르

## PART 2. 자음 (1) ㅁ, ㄴ, ㄹ, ㅇ

**3. 친구와 함께 빙고게임을 하세요.**
Try playing bingo with your friend.

| 보기 | 나  너  나무  노래  머리 |
|---|---|
| | 우리  어느  나라  아이 |

|  |  |  |
|---|---|---|
|  |  |  |
|  |  |  |
|  |  |  |

### Bingo game

위에 있는 단어를 선택하고 원하는 빈 칸에 단어를 쓰세요. 그리고 친구와 번갈아 가면서 단어를 말하세요. 친구나 내가 말한 단어는 지우세요. 수평 (→), 수직(↑), 대각선(↗)으로 세 줄을 만든 사람이 이겨요!

Select the words above and write them in the desired blank spaces. Then, take turns with your friend saying the words. Erase the words that your friend or you say. The person who makes three lines horizontally (→), vertically (↑), or diagonally (↗) wins!

# PART 3. 이중모음 (1) Double vowels (1)   ㅑ, ㅠ, ㅖ, ㅒ, ㅛ, ㅕ

 이중모음을 들으세요. 🎧 1-14
Listen to double vowels.

## 모음 Vowels

| 모음<br>Single vowels | ㅏ | ㅓ | ㅗ | ㅜ | ㅡ | ㅣ | ㅔ | ㅐ |
|---|---|---|---|---|---|---|---|---|
| 이중 모음 (1)<br>Double vowels (1) | ㅑ | ㅕ | ㅛ | ㅠ | | | ㅖ | ㅒ |
| 이중 모음 (2)<br>Double vowels (2) | ㅘ | ㅝ | ㅚ | ㅟ | | | ㅞ | ㅙ |
| 이중 모음 (3)<br>Double vowels (3) | | | | | ㅢ | | | |

## 자음 Consonants

| 자음 (1)<br>Consonants (1) | ㅁ | ㄴ | ㄹ | ㅇ | ㄱ | ㅂ | ㄷ | ㅅ | ㅈ | ㅎ |
|---|---|---|---|---|---|---|---|---|---|---|
| 자음 (2)<br>Consonants (2) | | | | | ㅋ | ㅍ | ㅌ | | ㅊ | |
| 자음 (3)<br>Consonants (3) | | | | | ㄲ | ㅃ | ㄸ | ㅆ | ㅉ | |

**TIP**

이중모음은 서로 다른 두 개의 모음이 합쳐져서 나타나요. 이중 모음을 발음할 때는 앞에서 배운 모음과 달리 입술의 모양이 변해요.

Double vowels are vowels made when two vowels are combined. Unlike the vowels we learned before, the shape of the mouth is changed when you pronounce double vowels.

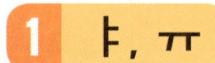 PART 3. 이중모음 (1)　　ㅑ, ㅠ, ㅔ, ㅖ, ㅛ, ㅕ

**1**　ㅑ, ㅠ

🔊 다음을 듣고 발음하세요. 🎧 1-15
Listen and pronounce the following.

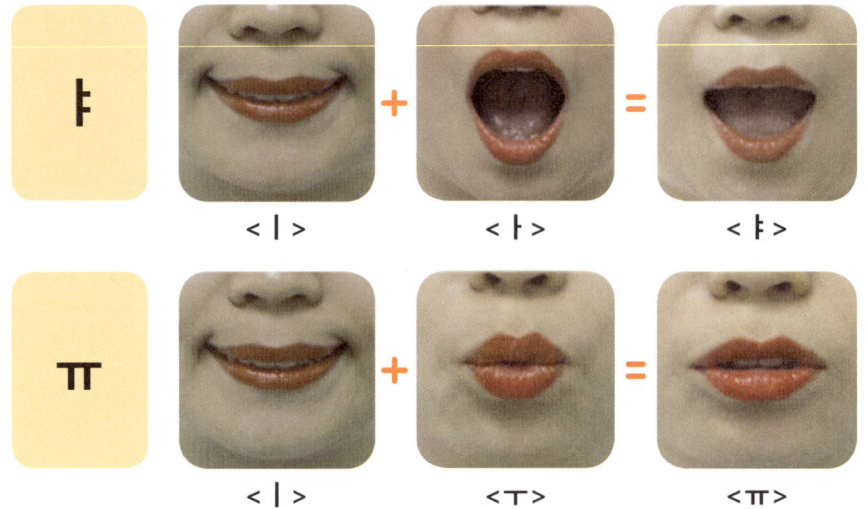

📖✏️ 다음을 읽고 쓰세요.
Read and write the following.

| 모음 Vowels | 연습 Practice |  |  |  |  |  |  |
|---|---|---|---|---|---|---|---|
| ㅑ | ㅑ | ㅑ | ㅑ | ㅑ | ㅑ | ㅑ | ㅑ |
| ㅠ | ㅠ | ㅠ | ㅠ | ㅠ | ㅠ | ㅠ | ㅠ |

## 2 ㅔ, ㅐ

🔊🗣 다음을 듣고 발음하세요.
Listen and pronounce the following.

**TIP**
 'ㅔ'와 'ㅐ'는 매우 비슷한 소리로 발음해요.
'ㅔ' and 'ㅐ' are pronounced very similarly.

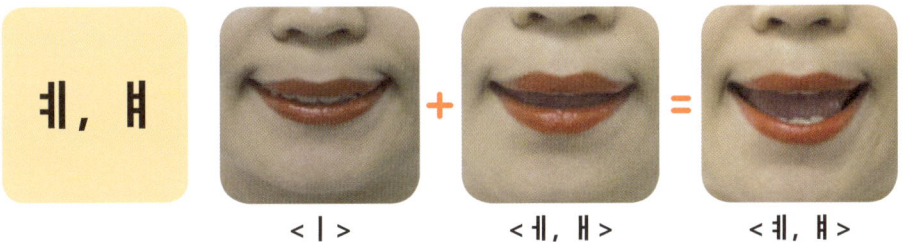

📖✏ 다음을 읽고 쓰세요.
Read and write the following.

| 모음 Vowels | 연습 Practice | | | | | | |
|---|---|---|---|---|---|---|---|
| ㅔ | ㅔ | ㅔ | ㅔ | ㅔ | ㅔ | ㅔ | ㅔ |
| ㅐ | ㅐ | ㅐ | ㅐ | ㅐ | ㅐ | ㅐ | ㅐ |

## 3 ㅛ, ㅕ

🔊🗣 다음을 듣고 발음하세요.
Listen and pronounce the following.

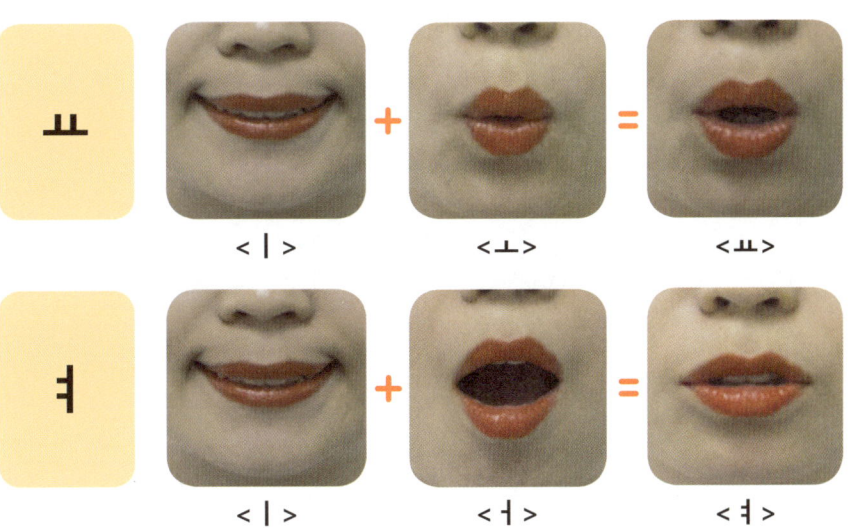

## PART 3. 이중모음 (1)  ㅑ, ㅠ, ㅖ, ㅒ, ㅛ, ㅕ

  다음을 읽고 쓰세요.
Read and write the following.

| 모음 Vowels | 연습 Practice | | | | | | |
|---|---|---|---|---|---|---|---|
| ㅛ | ㅛ | ㅛ | ㅛ | ㅛ | ㅛ | ㅛ | ㅛ |
| ㅕ | ㅕ | ㅕ | ㅕ | ㅕ | ㅕ | ㅕ | ㅕ |

다음을 읽고 쓰세요.
Read and write the following.

| 모음 Vowels | 연습 Practice | | | |
|---|---|---|---|---|
| 야 | 야 | | | |
| 유 | 유 | | | |
| 예 | 예 | | | |
| 애 | 애 | | | |
| 요 | 요 | | | |
| 여 | 여 | | | |

**TIP**

글자 모양은 ◁, ◇, △이 되어야 해요.
The shape of letters should be as follows.

| 야 | 야 야 야= 이= | 유 | 유 유 | 요 | 요 요 ㅣ |
|---|---|---|---|---|---|
| (O) | (X) | (O) | (X) | (O) | (X) |

**TIP**

모음을 정확히 발음하기 위해서는 거울로 입모양을 보면서 연습하세요.
To pronounce vowels accurately, practice while looking at the shape of your mouth in a mirror.

## 어휘 Vocabulary

 그림을 보면서 단어를 들으세요. 1-18
Look at the pictures and listen to the words.

  다음을 읽고 쓰세요.
Read and write the following.

| 우유<br>milk | | 우유 | | | |
|---|---|---|---|---|---|
| 이유<br>reason | | 이유 | | | |
| 예<br>yes | | 예 | | | |
| 아니요<br>No | | 아니요 | | | |
| 요리<br>cooking | | 요리 | | | |
| 여우<br>fox | | 여우 | | | |

PART 3. 이중모음 (1)    ㅑ, ㅠ, ㅖ, ㅒ, ㅛ, ㅕ

## 연습 Practice

 1. 다음을 잘 들으세요. 🎧 1-19
Listen carefully to the following.

① 야, 유, 요, 여    ② 아, 야    ③ 오, 요    ④ 우, 유

⑤ 어, 여    ⑥ 요, 여    ⑦ 여, 유

 2. 다음을 잘 듣고 알맞은 것을 고르세요. 🎧 1-20
Listen carefully to the following and choose the correct one.

1) ① 야    ② 여    ③ 요    ④ 유

2) ① 에    ② 예    ③ 어    ④ 요

3) ① 요우    ② 어우    ③ 얘우    ④ 여우

4) ① 이요    ② 이유    ③ 유우    ④ 우이

5) ① 어요    ② 요이    ③ 우유    ④ 여유

 3. 친구의 발음을 듣고 알맞은 것을 고르세요.
Listen to your friend's pronunciation and choose the correct one.

1) ① 야    ② 여                    2) ① 요    ② 여

3) ① 오    ② 요    ③ 유           4) ① 우    ② 유    ③ 여

5) ① 야    ② 여    ③ 요    ④ 유   6) ① 야    ② 얘    ③ 여    ④ 요

7) ① 이유    ② 아유                 8) ① 요이    ② 요리

9) ① 우유    ② 우요                 10) ① 아니요    ② 아녀요

# PART 4. 자음 (2) Consonants (2) ㅍ, ㅂ, ㅃ, ㅋ, ㄱ, ㄲ

 자음 듣기: 자음을 들으세요. 🎧 1-21
Listening to Consonants: Listen to consonants.

| 모음 Vowels | | | | | | | | |
|---|---|---|---|---|---|---|---|---|
| 모음<br>Single vowels | ㅏ | ㅓ | ㅗ | ㅜ | ㅡ | ㅣ | ㅔ | ㅐ |
| 이중 모음 (1)<br>Double vowels (1) | ㅑ | ㅕ | ㅛ | ㅠ | | | ㅖ | ㅒ |
| 이중 모음 (2)<br>Double vowels (2) | ㅘ | ㅝ | ㅚ | ㅟ | | | ㅞ | ㅙ |
| 이중 모음 (3)<br>Double vowels (3) | | | | | ㅢ | | | |

| 자음 Consonants | | | | | | | | | |
|---|---|---|---|---|---|---|---|---|---|
| 자음 (1)<br>Consonants (1) | ㅁ | ㄴ | ㄹ | ㅇ | ㄱ | ㅂ | ㄷ | ㅅ | ㅈ | ㅎ |
| 자음 (2)<br>Consonants (2) | | | | | ㅋ | ㅍ | ㅌ | | ㅊ | |
| 자음 (3)<br>Consonants (3) | | | | | ㄲ | ㅃ | ㄸ | ㅆ | ㅉ | |

## PART 4. 자음 (2) ㅍ, ㅂ, ㅃ, ㅋ, ㄱ, ㄲ

① ㅍ, ㅂ, ㅃ ② ㅋ, ㄱ, ㄲ

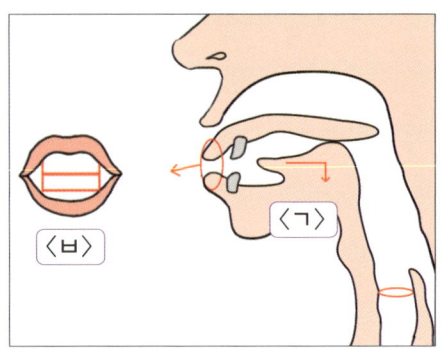

한국어의 자음은 소리가 나는 조음위치의 모양에 따라 만들어졌어요.
Korean consonants are made according to the shape of the place of articulation where the sound is produced.

### 1  ㅍ, ㅂ, ㅃ

다음을 듣고 발음하세요. 🎧1-22
Listen and pronounce the following.

다음을 쓰고 발음하세요.
Write and pronounce the following.

| 자음 Consonants | 순서 stroke order | | | | 연습 Practice | | |
|---|---|---|---|---|---|---|---|
| ㅍ | ㅍ | ㅍ | ㅍ | ㅍ | ㅍ | ㅍ | ㅍ |
| ㅂ | ㅂ | ㅂ | ㅂ | ㅂ | ㅂ | ㅂ | ㅂ |
| ㅃ | ㅃ | ㅃ | ㅃ | ㅃ | ㅃ | ㅃ | ㅃ |

30

📝🗣️ 다음을 쓰고 읽으세요.
Write and read the following.

| 자음 Consonants | ㅏ | ㅣ | ㅜ | ㅗ | ㅓ | ㅡ |
|---|---|---|---|---|---|---|
| ㅍ | 파 | | | | | |
| ㅂ | | | | | | |
| ㅃ | | | | | | |

## 2  ㅋ, ㄱ, ㄲ

🔊🗣️ 다음을 듣고 발음하세요. 🎧 1-23
Listen and pronounce the following.

📝🗣️ 다음을 쓰고 발음하세요.
Write and pronounce the following.

| 자음 Consonants | 순서 stroke order | | 연습 Practice | | | |
|---|---|---|---|---|---|---|
| ㅋ | ㅋ | ㅋ | ㅋ | ㅋ | ㅋ | ㅋ |
| ㄱ | ㄱ | | ㄱ | ㄱ | ㄱ | ㄱ |
| ㄲ | ㄲ | ㄲ | ㄲ | ㄲ | ㄲ | ㄲ |

**TIP**
ㄱ = ㄱ

1과_한글 (1)　31

# PART 4. 자음 (2)  ㅍ, ㅂ, ㅃ, ㅋ, ㄱ, ㄲ

  다음을 쓰고 읽으세요.
Write and read the following.

| 자음 Consonants | ㅏ | ㅣ | ㅜ | ㅗ | ㅓ | ㅡ |
|---|---|---|---|---|---|---|
| ㅋ | 카 | | | | | |
| ㄱ | | | | | | |
| ㄲ | | | | | | |

### TIP

'고, 구'와 같이 위쪽에 사용될 때는 ( ▀ )

'가, 거'와 같이 왼쪽에 사용될 때는 ( ▌ )

'ㄱ' has the shape of 'ㄱ', when it is used at the top( ▀ ) like '고, 구',
however it has the shape of 'ㄱ', when it is used on the left side( ▌ ) like '가, 거'.

## 어휘 Vocabulary

 그림을 보면서 단어를 들으세요.
Look at the pictures and listen to the words.

📖 📝 다음을 읽고 쓰세요.
Read and write the following.

| 배<br>stomach, ship, pear | | 배 | | |
|---|---|---|---|---|
| 아파요<br>아프다: sick | | 아파요 | | |
| 뽀뽀<br>kiss | | 뽀뽀 | | |
| 예뻐요<br>예쁘다: pretty | | 예뻐요 | | |

  다음을 읽고 쓰세요.
Read and write the following.

| 구<br>nine | | 구 | | |
|---|---|---|---|---|
| 고기<br>meat | | 고기 | | |
| 코피<br>nose bleed | | 코피 | | |
| 커피<br>coffee | | 커피 | | |
| 꼬리<br>tail | | 꼬리 | | |

## PART 4. 자음 (2)　ㅍ, ㅂ, ㅃ, ㅋ, ㄱ, ㄲ

## 연습 Practice

 **1. 다음을 잘 들으세요.** 🎧 1-25
　Listen carefully to the following.

① 바, 파, 빠　　② 바, 파　　③ 바, 빠　　④ 파, 빠
⑤ 부, 푸, 뿌　　⑥ 부, 푸　　⑦ 부, 뿌　　⑧ 푸, 뿌

 **2. 다음을 잘 들으세요.** 🎧 1-26
　Listen carefully to the following.

① 가, 카, 까　　② 가, 카　　③ 가, 까　　④ 카, 까

 **3. 다음을 잘 듣고 알맞은 것을 고르세요.** 🎧 1-27
　Listen carefully to the following and choose the correct one.

1) ① 배　　② 바　　③ 패　　④ 빼
2) ① 부부　② 부푸　③ 뽀뽀　④ 포포
3) ① 예뻐요　② 아파요　③ 바빠요　④ 버뻐요

 **4. 다음을 잘 듣고 알맞은 것을 고르세요.** 🎧 1-28
　Listen carefully to the following and choose the correct one.

1) ① 거피　② 커피　③ 꺼피　④ 코피
2) ① 고리　② 코리　③ 꼬리　④ 끄리
3) ① 꺼기　② 고기　③ 그기　④ 코기

**5. 친구의 발음을 듣고 알맞은 것을 고르세요.**
　Listen to your friend's pronunciation and choose the correct one.

1) ① 가　② 카　　　　　　2) ① 구　② 꾸
3) ① 바　② 파　③ 빠　　　4) ① 보보　② 포포　③ 뽀뽀
5) ① 구기　② 쿠키　③ 고기　6) ① 코피　② 커피　③ 구피
7) ① 아파요　② 아빠요　③ 아바요　8) ① 버바요　② 바파요　③ 바빠요

# PART 5 › 자가 점검 Self-Check

| | 질문 Questions | 네 Yes | 아니요 No |
|---|---|---|---|
| 1 | 나는 '아, 이, 우'를 읽고 쓸 수 있어요.<br>I can read and write Korean single vowels '아, 이, 우'. | | |
| 2 | 나는 '에, 애, 오, 어, 으'를 읽고 쓸 수 있어요.<br>I can read and write Korean single vowels '에, 애, 오, 어, 으'. | | |
| 3 | 나는 / ㅁ, ㄴ, ㄹ, ㅇ / 을 읽고 쓸 수 있어요.<br>I can read and write Korean consonant 'ㅁ, ㄴ, ㄹ, ㅇ'. | | |
| 4 | 나는 '야, 유'를 읽고 쓸 수 있어요.<br>I can read and write Korean double vowels '야, 유'. | | |
| 5 | 나는 '얘, 예'를 읽고 쓸 수 있어요.<br>I can read and write Korean double vowels '얘, 예'. | | |
| 6 | 나는 '요, 여'를 읽고 쓸 수 있어요.<br>I can read and write Korean double vowels '요, 여'. | | |
| 7 | 나는 / ㅍ, ㅂ, ㅃ /를 읽고 쓸 수 있고<br>/ ㅍ, ㅂ, ㅃ /를 듣고 구분할 수 있어요.<br>I can read and write Korean consonants /ㅍ, ㅂ, ㅃ/ and listen to and distinguish between /ㅍ, ㅂ, ㅃ/. | | |
| 8 | 나는 / ㅋ, ㄱ, ㄲ /를 읽고 쓸 수 있고<br>/ ㅋ, ㄱ, ㄲ /를 듣고 구분할 수 있어요.<br>I can read and write Korean consonants /ㅋ, ㄱ, ㄲ/ and listen to and distinguish between /ㅋ, ㄱ, ㄲ/. | | |

# 2과
Lesson 2

# 한글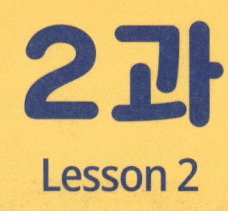

Hangeul (2)

### 학습 목표 Learning Objectives

1. 모음 /ㅘ, ㅝ, ㅟ, ㅚ, ㅐ, ㅔ, ㅢ/, 자음 /ㅌ, ㄷ, ㄸ, ㅅ, ㅆ, ㅊ, ㅈ, ㅉ, ㅎ/을 읽고 쓸 수 있어요.

   I can read and write Korean vowels /ㅘ, ㅝ, ㅟ, ㅚ, ㅐ, ㅔ, ㅢ/ and consonants /ㅌ, ㄷ, ㄸ, ㅅ, ㅆ, ㅊ, ㅈ, ㅉ, ㅎ/.

2. 모음과 자음이 결합된 글자를 읽을 수 있어요.

   I can read Korean characters that combine vowels and consonants.

3. 모음과 자음이 결합된 어휘를 바르게 읽고 쓸 수 있어요.

   I can correctly read and write Korean vocabulary that combines vowels and consonants.

# PART 1. 이중모음 (2) Double vowels (2)　　와, 워, 위, 외, 왜, 웨

이중모음을 들으세요. 🎧 2-1
Listen to double vowels.

| 모음 Vowels | | | | | | | | |
|---|---|---|---|---|---|---|---|---|
| 모음<br>Single vowels | ㅏ | ㅓ | ㅗ | ㅜ | ㅡ | ㅣ | ㅔ | ㅐ |
| 이중 모음 (1)<br>Double vowels (1) | ㅑ | ㅕ | ㅛ | ㅠ | | | ㅖ | ㅒ |
| 이중 모음 (2)<br>Double vowels (2) | 와 | 워 | 외 | 위 | | | 웨 | 왜 |
| 이중 모음 (3)<br>Double vowels (3) | | | | | 의 | | | |

| 자음 Consonants | | | | | | | | | |
|---|---|---|---|---|---|---|---|---|---|
| 자음 (1)<br>Consonants (1) | ㅁ | ㄴ | ㄹ | ㅇ | ㄱ | ㅂ | ㄷ | ㅅ | ㅈ | ㅎ |
| 자음 (2)<br>Consonants (2) | | | | | ㅋ | ㅍ | ㅌ | | ㅊ | |
| 자음 (3)<br>Consonants (3) | | | | | ㄲ | ㅃ | ㄸ | ㅆ | ㅉ | |

# 1 ㅘ, ㅝ, ㅟ

🔊🗣 다음을 듣고 발음하세요. 🎧2-2
Listen and pronounce the following.

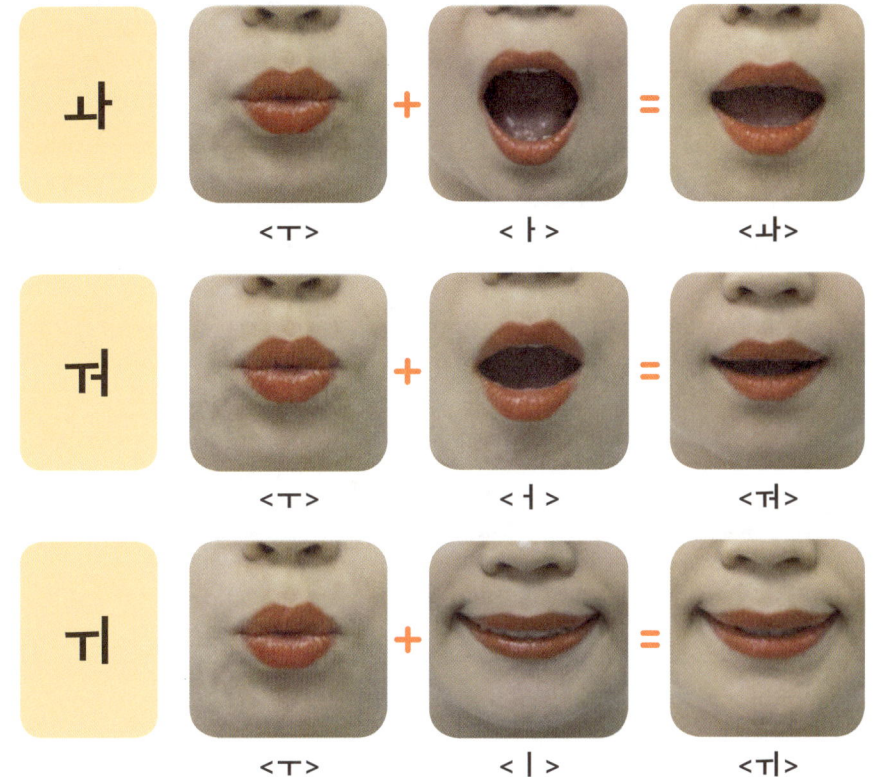

📖📝 다음을 읽고 쓰세요.
Read and write the following.

| 모음 Vowels | 연습 Practice |   |   |   |   |   |   |   |
|---|---|---|---|---|---|---|---|---|
| ㅘ | ㅘ | ㅘ | ㅘ | ㅘ | ㅘ | ㅘ | ㅘ | ㅘ |
| ㅝ | ㅝ | ㅝ | ㅝ | ㅝ | ㅝ | ㅝ | ㅝ | ㅝ |
| ㅟ | ㅟ | ㅟ | ㅟ | ㅟ | ㅟ | ㅟ | ㅟ | ㅟ |

## PART 1. 이중모음 (2) ㅘ, ㅝ, ㅟ, ㅚ, ㅙ, ㅞ

### 2 ㅚ, ㅙ, ㅞ

🔊 다음을 듣고 발음하세요. 🎧 2-3
Listen and pronounce the following.

**TIP**
ㅚ ≒ ㅙ ≒ ㅞ    'ㅚ', 'ㅙ', 'ㅞ'는 매우 비슷한 소리로 발음해요.
'ㅚ', 'ㅙ' and 'ㅞ' are pronounced very similarly.

ㅚ, ㅙ, ㅞ    <ㅜ> + <ㅐ> = <ㅙ>

📖 ✏️ 다음을 읽고 쓰세요.
Read and write the following.

| 모음 Vowels | 연습 Practice |||||||
|---|---|---|---|---|---|---|
| ㅚ | ㅚ | ㅚ | ㅚ | ㅚ | ㅚ | ㅚ |
| ㅙ | ㅙ | ㅙ | ㅙ | ㅙ | ㅙ | ㅙ | ㅙ |
| ㅞ | ㅞ | ㅞ | ㅞ | ㅞ | ㅞ | ㅞ | ㅞ |

📖 ✏️ 다음을 읽고 쓰세요.
Read and write the following.

| 모음 Vowels | 연습 Practice ||| 모음 Vowels | 연습 Practice |||
|---|---|---|---|---|---|---|---|
| 와 | 와 | | | 외 | 외 | | |
| 워 | 워 | | | 왜 | 왜 | | |
| 위 | 위 | | | 웨 | 웨 | | |

**TIP**

| 와 | 오ㅏ 오ㅑ 오ㅏ | 왜 | 오ㅐ 오ㅒ | 워 | 우ㅓ 우ㅕ 우ㅓ |
|---|---|---|---|---|---|
| (O) | (X) | (O) | (X) | (O) | (X) |

## 어휘 Vocabulary

 그림을 보면서 단어를 들으세요. 2-4
Look at the pictures and listen to the words.

 다음을 읽고 쓰세요.
Read and write the following.

| | | | | |
|---|---|---|---|---|
| **와요**<br>오다: to come | | 와요 | | |
| **위**<br>stomach, above, up | | 위 | | |
| **왜**<br>why | | 왜 | | |
| **뭐**<br>what | | 뭐 | | |
| **외워요**<br>외우다: to memorize | | 외워요 | | |
| **매워요**<br>맵다: spicy | | 매워요 | | |
| **어려워요**<br>어렵다: difficult | | 어려워요 | | |

2과_한글 (2)   41

## PART 1. 이중모음 (2)  ㅘ, ㅝ, ㅟ, ㅚ, ㅙ, ㅞ

### 연습 Practice

**1. 다음을 잘 들으세요.** 🎧 2-5
Listen carefully to the following.

① 와, 워, 위, 왜  ② 외, 왜, 웨  ③ 위, 워
④ 외, 위  ⑤ 와, 왜  ⑥ 와, 워

**2. 다음을 잘 듣고 알맞은 것을 고르세요.** 🎧 2-6
Listen carefully to the following and choose the correct one.

1) ① 와  ② 워  ③ 위  ④ 웨
2) ① 외  ② 와  ③ 위  ④ 워
3) ① 워  ② 웨  ③ 왜  ④ 와
4) ① 오  ② 워  ③ 웨  ④ 외
5) ① 와  ② 야  ③ 왜  ④ 워

**3. 다음을 잘 듣고 알맞은 것을 고르세요.** 🎧 2-7
Listen carefully to the following and choose the correct one.

1) ① 워  ② 웨  ③ 위  ④ 와
2) ① 뭐요  ② 뷔요  ③ 봐요  ④ 봬요
3) ① 워요  ② 와요  ③ 위요  ④ 웨요
4) ① 매워요  ② 배워요  ③ 비워요  ④ 미워요
5) ① 아려워요  ② 어려워요  ③ 오려워요  ④ 아려와요

**4. 친구의 발음을 듣고 알맞은 것을 고르세요.**
Listen to your friend's pronunciation and choose the correct one.

1) ① 으  ② 이  ③ 외  ④ 위  2) ① 우  ② 어  ③ 오  ④ 으
3) ① 와  ② 워  ③ 웨  ④ 야  4) ① 여  ② 요  ③ 유  ④ 워
5) ① 왜  ② 야  ③ 워  ④ 위  6) ① 웨  ② 위  ③ 으  ④ 요
7) ① 애  ② 예  ③ 왜  ④ 여  8) ① 이  ② 야  ③ 여  ④ 위
9) ① 워  ② 와  ③ 우  ④ 어  10) ① 와  ② 오  ③ 요  ④ 유

# PART 2. 자음 (3) Consonants (3) ㅌ, ㄷ, ㄸ, ㅅ, ㅆ

 자음 듣기: 자음을 들으세요. 2-8
Listening to Consonants: Listen to consonants.

## 모음 Vowels

| | | | | | | | | |
|---|---|---|---|---|---|---|---|---|
| 모음<br>Single vowels | ㅏ | ㅓ | ㅗ | ㅜ | ㅡ | ㅣ | ㅔ | ㅐ |
| 이중 모음 (1)<br>Double vowels (1) | ㅑ | ㅕ | ㅛ | ㅠ | | | ㅖ | ㅒ |
| 이중 모음 (2)<br>Double vowels (2) | ㅘ | ㅝ | ㅚ | ㅟ | | | ㅞ | ㅙ |
| 이중 모음 (3)<br>Double vowels (3) | | | | | ㅢ | | | |

## 자음 Consonants

| | | | | | | | | | |
|---|---|---|---|---|---|---|---|---|---|
| 자음 (1)<br>Consonants (1) | ㅁ | ㄴ | ㄹ | ㅇ | ㄱ | ㅂ | ㄷ | ㅅ | ㅈ | ㅎ |
| 자음 (2)<br>Consonants (2) | | | | | ㅋ | ㅍ | ㅌ | | ㅊ | |
| 자음 (3)<br>Consonants (3) | | | | | ㄲ | ㅃ | ㄸ | ㅆ | ㅉ | |

## PART 2. 자음 (3)  ㅌ, ㄷ, ㄸ, ㅅ, ㅆ

### 1  ㅌ, ㄷ, ㄸ

🔊 다음을 듣고 발음하세요. 🎧 2-9
Listen and pronounce the following.

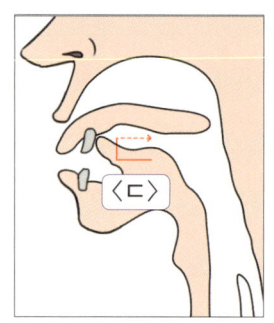

/ㄷ/은 /ㄴ/의 모양을 본떠서 만들어졌어요.
/ㄷ/ is designed based on the shape of /ㄴ/.

📝 다음을 쓰고 발음하세요.
Write and pronounce the following.

| 자음 Consonants | 순서 stroke order | 연습 Practice |
|---|---|---|
| ㅌ | ㅌ ㅌ ㅌ | ㅌ ㅌ ㅌ ㅌ |
| ㄷ | ㄷ ㄷ | ㄷ ㄷ ㄷ ㄷ |
| ㄸ | ㄸ ㄸ ㄸ ㄸ | ㄸ ㄸ ㄸ ㄸ |

📝 다음을 쓰고 읽으세요.
Write and read the following.

| 자음 Consonants | ㅏ | ㅣ | ㅜ | ㅗ | ㅓ | ㅡ |
|---|---|---|---|---|---|---|
| ㅌ | 타 | | | | | |
| ㄷ | | | | | | |
| ㄸ | | | | | | |

44

## 2 ㅅ, ㅆ

🔊 🗣 **다음을 듣고 발음하세요.** 🎧 2-10
Listen and pronounce the following.

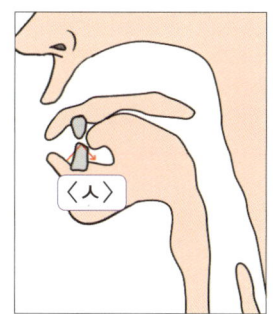

/ ㅅ, ㅆ /는 이의 모양을 본떠서 만들어졌어요.
/ㅅ, ㅆ/ are designed based on the shape of teeth.

📝 🗣 **다음을 쓰고 발음하세요.**
Write and pronounce the following.

| 자음 Consonants | 순서 stroke order | 연습 Practice |
|---|---|---|
| ㅅ | ㅅ ㅅ | ㅅ ㅅ ㅅ ㅅ |
| ㅆ | ㅆ ㅆ ㅆ ㅆ | ㅆ ㅆ ㅆ ㅆ |

📝 🗣 **다음을 쓰고 읽으세요.**
Write and read the following.

| 자음 Consonants | ㅏ | ㅣ | ㅜ | ㅗ | ㅓ | ㅡ |
|---|---|---|---|---|---|---|
| ㅅ | 사 | | | | | |
| ㅆ | | | | | | |

**TIP**
ㅅ = ㅅ    ㅆ = ㅆ

# PART 2. 자음 (3)  ㅌ, ㄷ, ㄸ, ㅅ, ㅆ

## 어휘 Vocabulary

🔊 그림을 보면서 단어를 들으세요.
Look at the pictures and listen to the words.

📖 📝 다음을 읽고 쓰세요.
Read and write the following.

| | | | | | |
|---|---|---|---|---|---|
| **다리**<br>bridge, leg | | 다리 | | | |
| **타요**<br>타다: to ride<br>to burn | | 타요 | | | |
| **따요**<br>따다: to pick | | 따요 | | | |
| **토마토**<br>tomato | 토마토 | | | | |
| | | | | | |

46

 **다음을 읽고 쓰세요.**
Read and write the following.

| | | | | | |
|---|---|---|---|---|---|
| **사** four | 4 | 사 | | | |
| **사요** 사다: to buy | | 사요 | | | |
| **싸요** 싸다: cheap | | 싸요 | | | |
| **써요** 쓰다: to write | | 써요 | | | |
| **쉬워요** 쉽다: easy | 쉬워요 | | | | |
| **쉬어요** 쉬다: take a rest | 쉬어요 | | | | |

2과_한글 (2)

## PART 2. 자음 (3)  ㅌ, ㄷ, ㄸ, ㅅ, ㅆ

## 연습 Practice

**1. 다음을 잘 들으세요.** 🎧 2-12
Listen carefully to the following.

① 다, 타, 따   ② 다, 타   ③ 다, 따   ④ 타, 따
⑤ 도, 토, 또   ⑥ 도, 토   ⑦ 도, 또   ⑧ 토, 또

**2. 다음을 잘 듣고 알맞은 것을 고르세요.** 🎧 2-13
Listen carefully to the following and choose the correct one.

1) ① 다      ② 토      ③ 따      ④ 투
2) ① 도      ② 타      ③ 떠      ④ 따
3) ① 소      ② 서      ③ 쏘      ④ 써
4) ① 시      ② 씨      ③ 쉬      ④ 쒸
5) ① 사가    ② 싸과    ③ 사과    ④ 사까
6) ① 타요    ② 터요    ③ 따요    ④ 떠요
7) ① 쉬어요  ② 쉬워요  ③ 시어요  ④ 시워요
8) ① 터워요  ② 타와요  ③ 더워요  ④ 도와요

**3. 친구의 발음을 듣고 알맞은 것을 고르세요.**
Listen to your friend's pronunciation and choose the correct one.

1) ① 왜       ② 위        2) ① 뼈       ② 벼
3) ① 도끼     ② 토끼      4) ① 마리     ② 머리
5) ① 거기     ② 고기      6) ① 커피     ② 코피
7) ① 샤워     ② 시위      8) ① 시계     ② 사계
9) ① 마셔요   ② 모셔요    10) ① 쉬어요  ② 쉬워요

48

4. 친구와 함께 빙고게임을 하세요.
   Try playing bingo with your friend.

| 보기 | 따요 타요 뭐 다리 토마토 |
|------|--------------------------|
|      | 싸요 사요 쉬어요 쉬워요 |

|   |   |   |
|---|---|---|
|   |   |   |
|   |   |   |
|   |   |   |

### Bingo game

위에 있는 단어를 선택하고 원하는 빈 칸에 단어를 쓰세요. 그리고 친구와 번갈아 가면서 단어를 말하세요. 친구나 내가 말한 단어는 지우세요. 수평 (→), 수직(↑), 대각선(↗)으로 세 줄을 만든 사람이 이겨요!

Select the words above and write them in the desired blank spaces. Then, take turns with your friend saying the words. Erase the words that your friend or you say. The person who makes three lines horizontally (→), vertically (↑), or diagonally (↗) wins!

# PART 3. 이중모음 (3) Double vowels (3) ㅢ

🔊 모음 듣기: 모음을 들으세요. 🎧 2-14
Listening to Vowels: Listen to vowels.

## 모음 Vowels

| 모음<br>Single vowels | ㅏ | ㅓ | ㅗ | ㅜ | ㅡ | ㅣ | ㅔ | ㅐ |
|---|---|---|---|---|---|---|---|---|
| 이중 모음 (1)<br>Double vowels (1) | ㅑ | ㅕ | ㅛ | ㅠ | | | ㅖ | ㅒ |
| 이중 모음 (2)<br>Double vowels (2) | ㅘ | ㅝ | ㅚ | ㅟ | | | ㅞ | ㅙ |
| 이중 모음 (3)<br>Double vowels (3) | | | | | **ㅢ** | | | |

## 자음 Consonants

| 자음 (1)<br>Consonants (1) | ㅁ | ㄴ | ㄹ | ㅇ | ㄱ | ㅂ | ㄷ | ㅅ | ㅈ | ㅎ |
|---|---|---|---|---|---|---|---|---|---|---|
| 자음 (2)<br>Consonants (2) | | | | | ㅋ | ㅍ | ㅌ | | ㅊ | |
| 자음 (3)<br>Consonants (3) | | | | | ㄲ | ㅃ | ㄸ | ㅆ | ㅉ | |

  다음을 듣고 발음하세요. 2-15
Listen and pronounce the following.

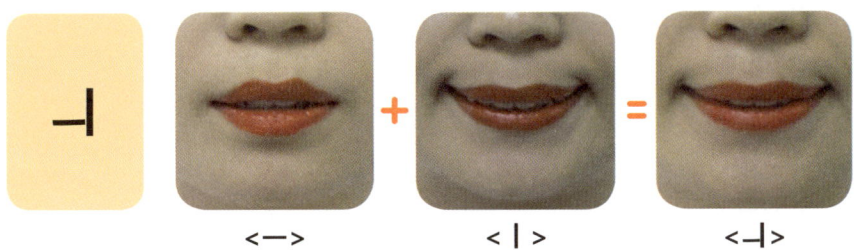

<ㅡ>   <ㅣ>   <ㅢ>

  모음을 쓰면서 읽으세요.
Try reading the vowels as you write them.

| 모음 Vowels | 연습 Practice | | | | |
|---|---|---|---|---|---|
| ㅢ | ㅢ | ㅢ | ㅢ | ㅢ | ㅢ |

  다음을 읽고 쓰세요.
Read and write the following.

| 모음 Vowels | 연습 Practice | | | | |
|---|---|---|---|---|---|
| 의 | 의 | | | | |

> **TIP**
>
> 의 - '의, 이, 에'
> '의'는 3가지 소리가 있어요. 첫음절에서는 '의', 첫음절이 아닌 곳에서는 '이', 소유격 '-의'일 때는 '에'로 발음해요.
> '의' has three different sounds. In the first syllable, it is pronounced as '의'. In syllables other than the first, it is pronounced as '이'. When used as the possessive marker '-의', it is pronounced as '에'.

> **TIP**
>
> | 의 | 읙 읶 |
> |---|---|
> | (O) | (X) |

2과_한글 (2)   51

## PART 3. 이중모음 (3) ㅢ

### 어휘·연습 Vocabulary & Practice

 그림을 보면서 단어를 들으세요. 🎧2-16
Look at the pictures and listen to the words.

 다음을 읽고 쓰세요.
Read and write the following.

| 의사<br>doctor | | 의사 | | | |
|---|---|---|---|---|---|
| 의자<br>chair | | 의자 | | | |
| 의미<br>meaning | 사과 = <br>apple | 의미 | | | |
| 무늬<br>pattern | | 무늬 | | | |

 1. 다음을 잘 들으세요. 🎧2-17
Listen carefully to the following.

① 의   ② 의사   ③ 예의   ④ 나의 토마토   ⑤ 의의

 2. 친구의 발음을 듣고 알맞은 것을 고르세요.
Listen to your friend's pronunciation and choose the correct one.

1) ① 으  ② 이  ③ 의  ④ 위       2) ① 우  ② 어  ③ 오  ④ 으
3) ① 와  ② 워  ③ 웨  ④ 야       4) ① 여  ② 요  ③ 유  ④ 워
5) ① 왜  ② 야  ③ 워  ④ 위       6) ① 의  ② 위  ③ 으  ④ 요
7) ① 애  ② 예  ③ 왜  ④ 여       8) ① 이  ② 야  ③ 여  ④ 위
9) ① 워  ② 와  ③ 우  ④ 어       10) ① 와  ② 오  ③ 요  ④ 유

# PART 4. 자음 (4) Consonants (4) — ㅊ, ㅈ, ㅉ, ㅎ

 자음 듣기: 자음을 들으세요. 2-18
Listening to Consonants: Listen to consonants.

## 모음 Vowels

| | | | | | | | | |
|---|---|---|---|---|---|---|---|---|
| 모음<br>Single vowels | ㅏ | ㅓ | ㅗ | ㅜ | ㅡ | ㅣ | ㅔ | ㅐ |
| 이중 모음 (1)<br>Double vowels (1) | ㅑ | ㅕ | ㅛ | ㅠ | | | ㅖ | ㅒ |
| 이중 모음 (2)<br>Double vowels (2) | ㅘ | ㅝ | ㅚ | ㅟ | | | ㅞ | ㅙ |
| 이중 모음 (3)<br>Double vowels (3) | | | | | ㅢ | | | |

## 자음 Consonants

| | | | | | | | | | |
|---|---|---|---|---|---|---|---|---|---|
| 자음 (1)<br>Consonants (1) | ㅁ | ㄴ | ㄹ | ㅇ | ㄱ | ㅂ | ㄷ | ㅅ | ㅈ ㅎ |
| 자음 (2)<br>Consonants (2) | | | | | ㅋ | ㅍ | ㅌ | | ㅊ |
| 자음 (3)<br>Consonants (3) | | | | | ㄲ | ㅃ | ㄸ | ㅆ | ㅉ |

# PART 4. 자음 (4)  ㅊ, ㅈ, ㅉ, ㅎ

① ㅊ, ㅈ, ㅉ　② ㅎ

## 1  ㅊ, ㅈ, ㅉ

 다음을 듣고 발음하세요. 🎧 2-19
Listen and pronounce the following.

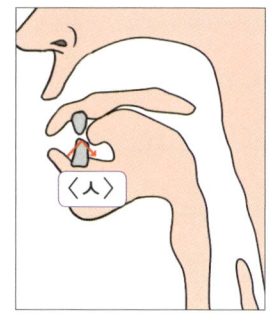

/ㅈ/은 /ㅅ/의 모양을 본떠서 만들어졌어요.
/ㅈ/ is designed based on shape of /ㅅ/

 다음을 쓰고 발음하세요.
Write and pronounce the following.

| 자음 Consonants | 순서 stroke order | 연습 Practice |||| 
|---|---|---|---|---|---|
| ㅊ | ㅊ ㅊ ㅊ | ㅊ | ㅊ | ㅊ | ㅊ |
| ㅈ | ㅈ ㅈ | ㅈ | ㅈ | ㅈ | ㅈ |
| ㅉ | ㅉ ㅉ ㅉ ㅉ | ㅉ | ㅉ | ㅉ | ㅉ |

 다음을 쓰고 읽으세요.
Write and read the following.

| 자음 Consonants | ㅏ | ㅣ | ㅜ | ㅗ | ㅓ | ㅡ |
|---|---|---|---|---|---|---|
| ㅊ | 차 | | | | | |
| ㅈ | | | | | | |
| ㅉ | | | | | | |

## 2 ㅎ

 다음을 듣고 발음하세요. 🎧 2-20
Listen and pronounce the following.

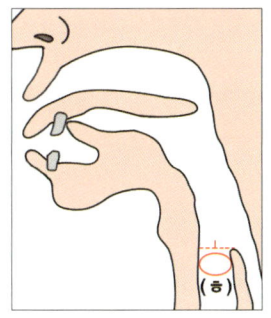

/ㅎ/은 /ㅇ/의 모양을 본떠서 만들어졌어요.
/ㅎ/ is designed based on shape of /ㅇ/

 다음을 쓰고 발음하세요.
Write and pronounce the following.

| 자음 Consonants | 순서 stroke order | | | 연습 Practice | | | |
|---|---|---|---|---|---|---|---|
| ㅎ | ㅎ | ㅎ | ㅎ | ㅎ | ㅎ | ㅎ | ㅎ |

 다음을 쓰고 읽으세요.
Write and read the following.

| 자음 Consonants | ㅏ | ㅣ | ㅜ | ㅗ | ㅓ | ㅡ |
|---|---|---|---|---|---|---|
| ㅎ | 하 | | | | | |

**TIP**
ㅈ = ㅈ = ㅈ / ㅊ = ㅊ = ㅊ
ㅎ = ㅎ = ㅎ = ㅎ

# PART 4. 자음 (4)  ㅊ, ㅈ, ㅉ, ㅎ

## 어휘 Vocabulary

 그림을 보면서 단어를 들으세요. 2-21
Look at the pictures and listen to the words.

 다음을 읽고 쓰세요.
Read and write the following.

| | | | | | |
|---|---|---|---|---|---|
| **자요**<br>자다: to sleep | | 자요 | | | |
| **차요**<br>차다: cold, to kick | | 차요 | | | |
| **짜요**<br>짜다: salty | | 짜요 | | | |
| **주스**<br>juice | | 주스 | | | |
| **치즈**<br>cheese | | 치즈 | | | |
| **찌개**<br>stew | | 찌개 | | | |
| **하나**<br>one | | 하나 | | | |
| **혀**<br>tongue | | 혀 | | | |
| **회사**<br>company | | 회사 | | | |

## 연습 Practice

 **1. 다음을 잘 들으세요.** (2-22)
Listen carefully to the following.

① 자, 차, 짜   ② 자, 차   ③ 자, 짜   ④ 차, 짜

 **2. 다음을 잘 듣고 알맞은 것을 고르세요.** (2-23)
Listen carefully to the following and choose the correct one.

1) ① 자   ② 차   ③ 짜   ④ 싸
2) ① 사   ② 자   ③ 짜   ④ 차
3) ① 쉬   ② 위   ③ 쥐   ④ 뒤
4) ① 치   ② 지   ③ 디   ④ 시
5) ① 소   ② 조   ③ 도   ④ 초

 **3. 다음을 잘 듣고 알맞은 것을 고르세요.** (2-24)
Listen carefully to the following and choose the correct one.

1) ① 지   ② 쥐   ③ 찌   ④ 치
2) ① 자요   ② 짜요   ③ 차요   ④ 사요
3) ① 줘요   ② 추요   ③ 조요   ④ 촤요
4) ① 조스   ② 주스   ③ 주수   ④ 추스
5) ① 기자   ② 키자   ③ 기차   ④ 기짜

**4. 다음을 잘 듣고 알맞은 것을 고르세요.** (2-25)
Listen carefully to the following and choose the correct one.

1) ① 해   ② 혀   ③ 하   ④ 허
2) ① 히   ② 휘   ③ 회   ④ 해
3) ① 호리   ② 허리   ③ 흐리   ④ 후리
4) ① 히나   ② 하노   ③ 하나   ④ 허누
5) ① 허수   ② 하서   ③ 호시   ④ 호수

**PART 4. 자음 (4)** ㅊ, ㅈ, ㅉ, ㅎ

## 5. 친구와 함께 빙고게임을 하세요.
Try playing bingo with your friend.

**보기** 사 구 토마토 쉬어요 왜 뭐 어려워요 뽀뽀
자요 의사 하나 허리 회사 치즈 무늬 커피

### Bingo game

위에 있는 단어를 선택하고 원하는 빈 칸에 단어를 쓰세요. 그리고 친구와 번갈아 가면서 단어를 말하세요. 친구나 내가 말한 단어는 지우세요. 수평 (→), 수직(↑), 대각선(↗↙)으로 세 줄을 만든 사람이 이겨요!

Select the words above and write them in the desired blank spaces. Then, take turns with your friend saying the words. Erase the words that your friend or you say. The person who makes three lines horizontally (→), vertically (↑), or diagonally (↗↙) wins!

# PART 5 > 자가 점검 Self-Check

| | 질문 Questions | 네 Yes | 아니요 No |
|---|---|---|---|
| 1 | 나는 '와, 워, 위'를 읽고 쓸 수 있어요.<br>I can read and write Korean double vowels '와, 워, 위'. | | |
| 2 | 나는 '외, 왜, 웨'를 읽고 쓸 수 있어요.<br>I can read and write Korean double vowels '외, 왜, 웨'. | | |
| 3 | 나는 '의'를 읽고 쓸 수 있어요.<br>I can read and write Korean double vowels '의'. | | |
| 4 | 나는 / ㅌ, ㄷ, ㄸ /를 읽고 쓸 수 있으며 / ㅌ, ㄷ, ㄸ /를 듣고 구분할 수 있어요.<br>I can read and write Korean consonants /ㅌ, ㄷ, ㄸ/ and listen to and distinguish between /ㅌ, ㄷ, ㄸ/. | | |
| 5 | 나는 / ㅅ, ㅆ /를 읽고 쓸 수 있으며 / ㅅ, ㅆ /를 듣고 구분할 수 있어요.<br>I can read and write Korean consonants /ㅅ, ㅆ/ and listen to and distinguish between /ㅅ, ㅆ/. | | |
| 6 | 나는 / ㅊ, ㅈ, ㅉ /를 읽고 쓸 수 있으며 / ㅊ, ㅈ, ㅉ /를 듣고 구분할 수 있어요.<br>I can read and write Korean consonants /ㅊ, ㅈ, ㅉ/ and listen to and distinguish between /ㅊ, ㅈ, ㅉ/. | | |
| 7 | 나는 /ㅎ/를 읽고 쓸 수 있어요.<br>I can read and write Korean consonant 'ㅎ' | | |

# 3과
Lesson 3

# 한글 ❸

Hangeul (3)

### 학습 목표 Learning Objectives

1. 받침이 있는 글자를 바르게 읽고 쓸 수 있어요.
   I can correctly read and write Korean characters with final consonants.

2. 서로 다른 받침 소리를 구분하여 읽고 쓸 수 있어요.
   I can distinguish and correctly read and write different Korean final consonant sounds.

3. 받침이 있는 어휘를 바르게 읽고 쓸 수 있어요.
   I can correctly read and write Korean vocabulary with final consonants.

# PART 1. 받침 Final consonants

ㅁ, ㄴ, ㄹ, ㅇ, ㅂ, ㄱ, ㄷ

### 받침 Final consonant

한국어에서 마지막 자음은 글자 아래에 쓰며, 이것을 '받침'이라고 해요. 받침은 자음이 하나만 올 수도 있고 두 개가 올 수도 있어요.
In Korean, the final consonant is written below the character and is called '받침(Batchim)'. A final consonant can consist of one or two consonants.

## 1 받침 /ㅁ, ㄴ, ㄹ, ㅇ/ Final consonants /ㅁ, ㄴ, ㄹ, ㅇ/

음절 마지막의 /ㅁ, ㄴ, ㄹ, ㅇ/은 [ㅁ, ㄴ, ㄹ, ㅇ]으로 발음해요.
At the end of the syllable, /ㅁ, ㄴ, ㄹ, ㅇ/ are pronounced as [ㅁ, ㄴ, ㄹ, ㅇ].

다음을 듣고 따라 하세요. 3-1
Try pronouncing the following examples.

| 받침 Final consonants | 발음 Pronunciation | 예시 Examples |
|---|---|---|
| ㅁ | 암 | 밤, 김치, 사람 |
| ㄴ | 안 | 눈, 산, 친구 |
| ㄹ | 알 | 물, 발, 딸기 |
| ㅇ | 앙 | 빵, 공, 사랑 |

## 2 받침 /ㄱ, ㅂ, ㄷ/ Final consonants /ㄱ, ㅂ, ㄷ/

음절 마지막의 /ㄱ, ㄲ, ㅋ/는 [ㄱ]로 발음해요.
At the end of the syllable, /ㄱ, ㄲ, ㅋ/ are pronounced as [ㄱ].

음절 마지막의 /ㅂ, ㅍ/는 [ㅂ]로 발음해요.
At the end of the syllable, /ㅂ, ㅍ/ are pronounced as [ㅂ].

음절 마지막의 /ㄷ, ㅌ, ㅅ, ㅆ, ㅈ, ㅊ, ㅎ/는 [ㄷ]로 발음해요.
At the end of the syllable, /ㄷ, ㅌ, ㅅ, ㅆ, ㅈ, ㅊ, ㅎ/ are pronounced as [ㄷ].

(1) 악, 앆, 앜 → [악]
(2) 압, 앞 → [압]
(3) 앋, 앝, 앗, 았, 앚, 앛, 앟 → [앋]

 다음을 듣고 따라 하세요. 3-2
Try pronouncing the following examples.

| 받침 Final consonants | 발음 Pronunciation | 예시 Examples |
|---|---|---|
| ㄱ, ㄲ, ㅋ | 악 | 책, 밖, 부엌 |
| ㅂ, ㅍ | 압 | 집, 앞, 무릎 |
| ㄷ, ㅌ, ㅅ, ㅆ, ㅈ, ㅊ, ㅎ | 앋 | 끝, 빗, 꽃, 히읗, 받침 |

### TIP

글자를 쓸 때 다음과 같은 형태로 쓰지 마세요. 정확하게 쓰세요.
Do not write characters in the following forms. Write them correctly.

*받침 무릎 쌀 히읗*

➡ 받침, 무릎, 쌀, 히읗

PART 1. 받침    ㅁ, ㄴ, ㄹ, ㅇ, ㅂ, ㄱ, ㄷ

## 3 받침 ㅁ

다음을 듣고 따라 하세요. 3-3
Listen to the following and repeat along.

1) ① 고  ② 곰     2) ① 배  ② 뱀     3) ① 추  ② 춤
4) ① 모  ② 몸     5) ① 꾸  ② 꿈     6) ① 사  ② 삼

다음 단어를 듣고 쓰세요. 3-4
Listen to the following words and write them.

| 삼<br>three |  | 삼 | | | |
|---|---|---|---|---|---|
| 이름<br>name | | 이름 | | | |
| 사람<br>person | | 사람 | | | |

## 4 받침 ㄴ

다음을 듣고 따라 하세요. 3-5
Listen to the following and repeat along.

1) ① 나  ② 난     2) ① 소  ② 손     3) ① 도  ② 돈
4) ① 사  ② 산     5) ① 누  ② 눈     6) ① 무  ② 문

다음 단어를 듣고 쓰세요. 3-6
Listen to the following words and write them.

| 눈<br>eye, snow |  | 눈 | | | |
|---|---|---|---|---|---|
| 돈<br>money |  | 돈 | | | |
| 우산<br>umbrella |  | 우산 | | | |

## 5 받침 ㄹ

 **다음을 듣고 따라 하세요.** 3-7
Listen to the following and repeat along.

1) ① 이  ② 일    2) ① 치  ② 칠    3) ① 마  ② 말
4) ① 파  ② 팔    5) ① 수  ② 술    6) ① 다  ② 달

 **다음 단어를 듣고 쓰세요.** 3-8
Listen to the following words and write them.

| 술 alcoholic drink | | 술 | | | |
|---|---|---|---|---|---|
| 발 foot | | 발 | | | |
| 일 one | | 일 | | | |

## 6 받침 ㅇ

 **다음을 듣고 따라 하세요.** 3-9
Listen to the following and repeat along.

1) ① 아  ② 앙    2) ① 라  ② 랑    3) ① 가  ② 강
4) ① 바  ② 방    5) ① 빠  ② 빵    6) ① 고  ② 공

 **다음 단어를 듣고 쓰세요.** 3-10
Listen to the following words and write them.

| 빵 bread | | 빵 | | | |
|---|---|---|---|---|---|
| 가방 bag | | 가방 | | | |
| 자동차 car | | 자동차 | | | |

## PART 1. 받침   ㅁ, ㄴ, ㄹ, ㅇ, ㅂ, ㄱ, ㄷ

### 7 받침 ㅂ, ㅍ

🔊 다음을 듣고 따라 하세요. 🎧 3-11
Listen to the following and repeat along.

1) ① 시   ② 십    2) ① 커   ② 컵    3) ① 아   ② 앞
4) ① 수   ② 숲    5) ① 추   ② 춥    6) ① 바   ② 밥

🔊 다음 단어를 듣고 쓰세요. 🎧 3-12
Listen to the following words and write them.

| 입<br>mouth | 👄 | 입 | | | |
|---|---|---|---|---|---|
| 집<br>house | 🏠 | 집 | | | |
| 잎<br>leaf | 🌿 | 잎 | | | |

### 8 받침 ㄱ, ㄲ, ㅋ

🔊 다음을 듣고 따라 하세요. 🎧 3-13
Listen to the following and repeat along.

1) ① 야   ② 약    2) ① 바   ② 박    3) ① 구   ② 국
4) ① 푸   ② 푹    5) ① 하   ② 학    6) ① 채   ② 책

🔊 다음 단어를 듣고 쓰세요. 🎧 3-14
Listen to the following words and write them.

| 책<br>book | 📖 | 책 | | | |
|---|---|---|---|---|---|
| 밖<br>outside | 🪟 | 밖 | | | |
| 부엌<br>kitchen | 🍳 | 부엌 | | | |

## 9 받침 ㄷ, ㅌ, ㅅ, ㅆ, ㅈ, ㅊ, ㅎ

**다음을 듣고 따라 하세요.** 🎧 3-15
Listen to the following and repeat along.

1) ① 끄  ② 끝     2) ① 바  ② 밭     3) ① 비  ② 빗
4) ① 나  ② 낮     5) ① 오  ② 옷     6) ① 꼬  ② 꽃

**다음 단어를 듣고 쓰세요.** 🎧 3-16
Listen to the following words and write them.

| | | | | | |
|---|---|---|---|---|---|
| 곧 soon |  | 곧 | | | |
| 옷 clothes | | 옷 | | | |
| 낮 day | | 낮 | | | |
| 밭 farm | | 밭 | | | |
| 꽃 flower | | 꽃 | | | |
| 있다 to be exist / to have | | 있다 | | | |
| 히읗 consonant ㅎ | ㅎ | 히읗 | | | |

**한국어의 숫자(Numbers in Korean): 듣고 따라 하세요.** 🎧 3-17
Listen to the following words and repeat them.

| 0 | 1 | 2 | 3 | 4 | 5 | 6 | 7 | 8 | 9 | 10 |
|---|---|---|---|---|---|---|---|---|---|---|
| 공 | 일 | 이 | 삼 | 사 | 오 | 육 | 칠 | 팔 | 구 | 십 |

## PART 1. 받침  ㅁ, ㄴ, ㄹ, ㅇ, ㅂ, ㄱ, ㄷ

### 연습 Practice

 **1. 다음을 잘 듣고 알맞은 것을 고르세요.** 🎧 3-18
Listen carefully to the following and choose the correct one.

| | | | |
|---|---|---|---|
| 1) ① 곰 | ② 공 | ③ 곧 | ④ 곡 |
| 2) ① 산 | ② 살 | ③ 삼 | ④ 삭 |
| 3) ① 달 | ② 단 | ③ 당 | ④ 담 |
| 4) ① 동 | ② 돌 | ③ 독 | ④ 돈 |
| 5) ① 밥 | ② 박 | ③ 밤 | ④ 밭 |
| 6) ① 갑 | ② 갈 | ③ 강 | ④ 각 |
| 7) ① 랑 | ② 락 | ③ 람 | ④ 란 |
| 8) ① 깁 | ② 김 | ③ 깃 | ④ 긴 |
| 9) ① 업 | ② 언 | ③ 억 | ④ 얼 |
| 10) ① 벅 | ② 번 | ③ 벌 | ④ 법 |

 **2. 다음을 잘 듣고 알맞은 것을 고르세요.** 🎧 3-19
Listen carefully to the following and choose the correct one.

| | | |
|---|---|---|
| 1) ① 산 | ② 삼 | ③ 살 |
| 2) ① 꽁 | ② 꼭 | ③ 꽃 |
| 3) ① 부엌 | ② 부엄 | ③ 부엉 |
| 4) ① 사란 | ② 사람 | ③ 사랑 |
| 5) ① 자돔차 | ② 자독차 | ③ 자동차 |

 **3. 친구의 전화번호를 듣고 쓰세요.**
Listen and write your friend's phone number.

| 0 | 1 | 2 | 3 | 4 | 5 | 6 | 7 | 8 | 9 | 10 |
|---|---|---|---|---|---|---|---|---|---|----|
| 공 | 일 | 이 | 삼 | 사 | 오 | 육 | 칠 | 팔 | 구 | 십 |

4. 다음 단어의 받침 발음과 같은 것을 고르세요.
   Choose the words with the same final consonants as the following words.

   1) 꽃    ① 꼳    ② 꼰    ③ 꼼

   2) 잎    ① 입    ② 임    ③ 있

   3) 밖    ① 밥    ② 밧    ③ 박

   4) 옷    ① 옥    ② 옹    ③ 옻

   5) 낮    ① 낟    ② 날    ③ 낭

5. 다음을 읽고 어떤 받침 소리인지 빈 칸에 쓰세요.
   Read the following words and write final consonant sound in the blank.

   1) 무릎 - 집 - 앞

   2) 부엌 - 낚시 - 수박

   3) 빗 - 밭 - 꽃 - 낮 - 있다

PART 1. 받침   ㅁ, ㄴ, ㄹ, ㅇ, ㅂ, ㄱ, ㄷ

## 6. 친구와 함께 빙고게임을 하세요.
Try playing bingo with your friend.

**보기**  삼  입  우산  자동차  일  술  빵  부엌
끝  있다  옷  밖  꽃  히읗  이름  책

### Bingo game

위에 있는 단어를 선택하고 원하는 빈 칸에 단어를 쓰세요. 그리고 친구와 번갈아 가면서 단어를 말하세요. 친구나 내가 말한 단어는 지우세요. 수평 (→), 수직(↑), 대각선(↗)으로 세 줄을 만든 사람이 이겨요!

Select the words above and write them in the desired blank spaces. Then, take turns with your friend saying the words. Erase the words that your friend or you say. The person who makes three lines horizontally (→), vertically (↑), or diagonally (↗) wins!

## PART 2   자가 점검 Self-Check

| | 질문 Questions | 네 Yes | 아니요 No |
|---|---|---|---|
| 1 | 나는 받침 /ㅁ, ㄴ, ㄹ, ㅇ, ㅂ, ㄱ, ㄷ/를 올바르게 읽을 수 있어요.<br>I can correctly read final consonants /ㅁ, ㄴ, ㄹ, ㅇ, ㅂ, ㄱ, ㄷ/. | | |
| 2 | 나는 받침 /ㅍ/를 [ㅂ]로, /ㄲ, ㅋ/를 [ㄱ]로, /ㅅ, ㅆ, ㅈ, ㅊ, ㅎ/를 [ㄷ]로 올바르게 읽을 수 있어요.<br>I can correctly read the final consonants / ㅍ / as [ㅂ], /ㄲ, ㅋ/ as [ㄱ], /ㅅ, ㅆ, ㅈ, ㅊ, ㅎ/ as [ㄷ]. | | |
| 3 | 나는 받침 /ㅁ, ㄴ, ㄹ, ㅇ, ㅂ, ㄱ, ㄷ/를 듣고 구분할 수 있어요.<br>I can distinguish final consonants /ㅁ, ㄴ, ㄹ, ㅇ, ㅂ, ㄱ, ㄷ/. | | |

# PART 3. 부록 1 — 한국어의 발음 규칙, 겹받침
**Pronunciation rules in Korean, Double final consonants**

한국어에는 다양한 발음 규칙들이 있어요. 받침이 있는 글자는 바로 뒤 글자에 어떤 모음이 오는지, 어떤 자음이 오는지에 따라 발음이 달라져요. 한국어의 발음 규칙 중 연음화, 경음화, 격음화에 대해서 배워 볼 거예요.

In Korean, there are various pronunciation rules. The pronunciation of syllable with a final consonant(Batchim, 받침) changes depending on whether the follwing syllable starts with specific vowels or consonants. We will learn three Korean pronunciation rules: Rules for Linking Sounds, Rules for Tensing Sounds, Rules for Aspiration Sounds.

한국어   좋다
학교   닭   음악
학생
먹어요   책상   축하

**연음화** Rules for Linking Sounds

1. 다음 단어를 듣고 어떻게 들리는지 ○ 표 하세요. 〔3-20〕
   Listen to the following words and mark ○ how they sound.

   1) 한국어     ① [한국어]     ② [한구거]
   2) 음악     ① [음악]     ② [으막]
   3) 먹어요     ① [먹어요]     ② [머거요]

예 한국어 (Korean)

한국어 ➡ 한구거

| 받침 (batchim) | 모음 (vowel) | 뒤 자음 (following consonant) |
|---|---|---|
| ㄱ, ㅋ, ㄲ<br>ㄷ, ㅌ<br>ㅈ, ㅊ<br>ㅂ, ㅍ<br>ㅅ, ㅆ<br>ㄴ, ㅁ, ㄹ | 아, 이, 우.. | ㄱ, ㅋ, ㄲ<br>ㄷ, ㅌ<br>ㅂ, ㅍ<br>ㅅ, ㅆ<br>ㅈ, ㅊ<br>ㄴ, ㅁ, ㄹ |

+ = 

2. 다음 단어를 듣고 쓰세요. 〔3-21〕
   Listen and write the following words.

| 단어 Words | | 연습 Practice | | | |
|---|---|---|---|---|---|
| **음악**<br>music | | 음악 | | | |
| **먹어요**<br>eat | | 먹어요 | | | |

# PART 3   부록 1

**경음화** Rules for Tensing Sounds

 1. 다음 단어를 듣고 어떻게 들리는지 ○ 표 하세요. 〔3-22〕
Listen to the following words and mark ○ how they sound.

1) 학교      ① [학교]      ② [학꾜]
2) 학생      ① [학생]      ② [학쌩]

예 책상 (desk)

| 받침 (batchim) | 뒤 자음 (following consonant) | 뒤 자음 (following consonant) |
|---|---|---|
| (ㄱ) ㄱ, ㅋ, ㄲ<br>(ㄷ) ㄷ, ㅌ<br>(ㄷ) ㅈ, ㅊ<br>(ㅂ) ㅂ, ㅍ<br>(ㅅ) ㅅ, ㅆ | ㄱ<br>ㄷ<br>ㅂ<br>ㅅ<br>ㅈ | ㄲ<br>ㄸ<br>ㅃ<br>ㅆ<br>ㅉ |

+ = (between columns)

 2. 다음 단어를 듣고 쓰세요. 〔3-23〕
Listen and write the following words.

| 단어 Words | | 연습 Practice | | | |
|---|---|---|---|---|---|
| 학교<br>school | | 학교 | | | |
| 학생<br>student | | 학생 | | | |

## 격음화 Rules for Aspiration Sounds

 1. 다음 단어를 듣고 어떻게 들리는지 ○ 표 하세요. 🎧3-24
Listen to the following words and mark ○ how they sound.

1) 축하   ① [추카]   ② [축하]
2) 좋다   ① [졷다]   ② [조타]

예 축하 (celebration)

 2. 다음 단어를 듣고 쓰세요. 🎧3-25
Listen and write the following words.

| 단어 Words | | 연습 Practice | | | |
|---|---|---|---|---|---|
| 축하<br>celebration | | 축하 | | | |
| 좋다<br>good(basic form) | | 좋다 | | | |

# PART 3  부록 1

## 겹받침 Double final consonants

| 겹받침 | 발음 |
|---|---|
| ㄹㅁ | [ㅁ] |
| ㅂㅅ, ㄹㅍ | [ㅂ] |
| ㄹㄱ, ㄱㅅ | [ㄱ] |
| ㄴㅈ, ㄴㅎ | [ㄴ] |
| ㄹㅎ, ㄹㅂ, ㄹㅅ, ㄹㅌ | [ㄹ] |

**TIP**

한국어의 겹받침은 둘 중 하나의 받침만을 발음해요. 앞서 배운 7개의 받침 중 5개로 발음돼요.
In Korean, only one of the double final consonants is pronounced. They are pronounced as five of the seven final consonants learned earlier.

① 받침 ㅁ: 단어를 듣고 쓰세요. 그리고 읽으세요. 3-26
Listen to the words, write them, and read them.

| 단어 Words | | 발음 Pronunciation | 연습 Practice | | | |
|---|---|---|---|---|---|---|
| 삶 life |  | [삼] | 삶 | 삶 | 삶 | 삶 |

② 받침 ㅂ: 단어를 듣고 쓰세요. 그리고 읽으세요. 3-27
Listen to the words, write them, and read them.

| 단어 Words | | 발음 Pronunciation | 연습 Practice | | | |
|---|---|---|---|---|---|---|
| 값 price |  | [갑] | 값 | 값 | 값 | 값 |

③ 받침 ㄱ: 단어를 듣고 쓰세요. 그리고 읽으세요. 3-28
Listen to the words, write them, and read them.

| 단어 Words | | 발음 Pronunciation | 연습 Practice | | | |
|---|---|---|---|---|---|---|
| 닭 chicken |  | [닥] | 닭 | 닭 | 닭 | 닭 |

**TIP**

경음화: 받침 /ㄱ, ㅂ, ㄷ/와 뒤 음절의 /ㄱ, ㅂ, ㄷ/가 만나면 [ㄲ, ㅃ, ㄸ]로 변합니다.
Rules for Tensing Sounds: When final consonants /ㄱ, ㅂ, ㄷ/ meet /ㄱ, ㅂ, ㄷ/ in the following syllable, they change to [ㄲ, ㅃ, ㄸ].

④ 받침 ㄴ: 단어를 듣고 쓰세요. 그리고 읽으세요. 3-29
Listen to the words, write them, and read them.

| 단어 Words | 발음 Pronunciation | 연습 Practice ||||
|---|---|---|---|---|---|
| 앉다<br>to sit<br>(basic form) | [안따] | 앉다 | 앉다 | 앉다 | 앉다 |

**TIP**
※ 받침 /ㄱ, ㅂ, ㄷ/ + /ㄱ, ㅂ, ㄷ, ㅈ, ㅅ/
→ /ㄲ, ㅃ, ㄸ, ㅉ, ㅆ/

 ④ 받침 ㄴ: 단어를 듣고 쓰세요. 그리고 읽으세요. 3-30
Listen to the words, write them, and read them.

| 단어 Words | 발음 Pronunciation | 연습 Practice ||||
|---|---|---|---|---|---|
| 많다<br>a lot of<br>(basic form) | [만타] | 많다 | 많다 | 많다 | 많다 |

**TIP**
※ 받침 /ㄱ, ㅂ, ㄷ, ㅈ/ + /ㅎ/ → /ㅋ, ㅍ, ㅌ, ㅊ/
※ 받침 /ㅎ/ + /ㄱ, ㅂ, ㄷ, ㅈ, ㅅ/ → /ㅋ, ㅍ, ㅌ, ㅊ, ㅆ/

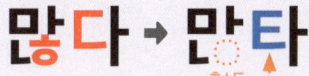

 ⑤ 받침 ㄹ: 단어를 듣고 쓰세요. 그리고 읽으세요. 3-31
Listen to the words, write them, and read them.

| 단어 Words | 발음 Pronunciation | 연습 Practice ||||
|---|---|---|---|---|---|
| 싫다<br>hate<br>(basic form) | [실타] | 싫다 | 싫다 | 싫다 | 싫다 |

# PART 4. 부록 2 — 인사 표현 Expressing greetings

## 인사하기 Greeting

다음 인사말을 듣고 친구와 이야기해 보세요. (A, B 역할을 바꾸면서 이야기해 보세요.)
Listen to the following greetings and practice talking with your friend. (Take turns with A and B roles.)

### 1. 처음 만났을 때
When you meet someone for the first time

|  | A | B |
|---|---|---|
|  | 안녕하세요. | 안녕하세요. |
|  | 만나서 반가워요. | 저도 반가워요. |

### 2. 헤어질 때
When you say goodbye to someone

|  | A | B |
|---|---|---|
|  | 안녕히 가세요. | 안녕히 계세요. |
|  | 안녕히 가세요. | 안녕히 가세요. |

## 3. 사과 표현
expression for aplogizing

| | A | B |
|---|---|---|
|  | 미안해요. | 괜찮아요. |
| | 죄송해요.<br>죄송합니다. | 괜찮아요. |

## 4. 감사 표현
expression for gratitude

| | A | B |
|---|---|---|
| | 고마워요. | 괜찮아요. |
| | 고맙습니다.<br>감사합니다. | 괜찮아요. |

# PART 5. 부록 3 — 교실 용어 Classroom terminology

 **1. 한국어 수업 시간에 자주 사용하는 문장** 3-36
Sentences frequently used in Korean class.

| 번호 number | 의미 meaning | 문장 Sentence |
|---|---|---|
| ① | | 책을 보세요. |
| ② | | 따라 하세요. |
| ③ | | 읽으세요. |
| ④ | | 쉬세요. |
| ⑤ | | 숙제하세요. |

| 번호 number | 의미 meaning | 문장 Sentence |
|---|---|---|
| ⑥ | | 질문하세요. |
| ⑦ | | 대답하세요. |
| ⑧ | | 맞아요. |
| ⑨ | | 틀려요. |

# PART 6. 부록 4　한국어 기본 문법 Basic Korean Grammar

## 한국어 문장 읽기 Reading Korean Sentences

### 한국어의 문장 Sentences in Korean

① 한국어의 문장은 주어, 목적어, 서술어 순서예요. (S-O-V)
The order of a sentence in Korean is subject, object, and predicate (verb/adjective). (S-O-V)

| 주어 (Subject) | 목적어 (Object) | 서술어 (Predicate) |
|---|---|---|
| 명사 (Noun) | 명사 (Noun) | 형용사(Adjective) 동사(Verb) |
| 나 | 물 | 사다(기본형) (basic form) |
| I | water | buy |

② 한국어는 주어, 목적어에 각각 조사가 붙어서 이 단어가 주어, 목적어임을 알려 줘요.
In Korean, the subject and object are attached with particle, and indicating that these words are subject, object in the sentence.

| 주어 + 은/는/이/가 (Subject) | 목적어 + 을/를 (Object) | 서술어 (Predicate) |
|---|---|---|
| 명사(N) + 은/는/이/가 | 명사(N) + 을/를 | 형용사(A) 동사(V) |
| 나는 | 물을 | 사요 |
| I | water | buy |

82

1. 다음 문장을 듣고 읽으세요. 3-37
   Listen and read the following sentences.

| 번호 number | 의미 meaning | 문장 Sentence |
|---|---|---|
| ① | | 나는 한국어를 공부해요. |
| ② | | 나는 우유를 마셔요. |
| ③ | | 나는 사과를 따요. |
| ④ | | 나는 토마토를 먹어요. [머거요] |
| ⑤ | | 나는 책을 읽어요. [일거요] |
| ⑥ | | 책이 있어요. [이써요] |
| ⑦ | | 책이 없어요. [업써요] |

# 4과
Lesson 4

## 이름이 뭐예요?

What is your name?

- 어느 나라 사람이에요? Which country are you from?
- 직업이 뭐예요? What is your job?

### 학습 목표 Learning Objectives

1. **자기소개를 할 수 있어요.**
   I can introduce myself.

2. **'나라' 이름을 알고 사용할 수 있어요.**
   I can understand and use the names of countries in Korean.

3. **'직업' 관련 어휘를 알고 사용할 수 있어요.**
   I can understand and use vocabulary related to jobs in Korean.

4. **친구에게 이름, 직업, 국적을 물어볼 수 있어요.**
   I can ask my friend their name, job, and nationality in Korean.

5. **'은/는, 이/가, -이에요/예요'를 올바르게 사용할 수 있어요.**
   I can use '은/는, 이/가, -이에요/예요' correctly.

# PART 1  어휘 Vocabulary

## 국가 Country

### TIP
국가+사람: KOREA(Nation)+Person=한국 사람(Korean)
Country+Person: KOREA(Nation)+Person = 한국 사람(Korean)

## 직업 job

학생　　선생님　　의사　　회사원　　배우

가수　　교수　　주부　　요리사　　경찰

### 학습 어휘 Learning Vocabulary

- 대학생 university student
- 직업 job
- 교환학생 exchange student
- 만나서 반가워요 nice to meet you.

### 연습 Practice

1. 다음을 연결하세요.

    Match the following.

- 배우(프랑스 사람)
- 학생(일본 사람)
- 회사원(베트남 사람)
- 의사(중국 사람)
- 요리사(미얀마 사람)
- 선생님(한국 사람)

# PART 2 문법 Grammar

## 문법 1 N은/는 N이에요/예요

하루카 퓨퓨아웅 씨는 요리사예요?
줄리앙 네, 퓨퓨아웅 씨는 요리사예요.

루카 선생님은 어느 나라 사람이에요?
안톤 선생님은 한국 사람이에요.

### 문법 사용 Using Grammar

- 'N은/는'은 명사에 붙어 주어 역할을 해요.
  '은/는' is attached to a noun to indicate the subject of the sentence.
- 'N이에요/예요'는 명사에 붙어 서술어 역할을 해요.
  '-이에요/예요' is attached to a noun to serve as the predicate.
- 명사의 마지막 음절에 받침이 있으면 '은', '-이에요'가 붙고, 명사의 마지막 음절에 받침이 없으면 '는', '-예요'가 붙어요.
  If the last syllable of the noun has a final consonant, '은', '-이에요' is attached. If the last syllable of the noun does not have a final consonant, '는', '-예요' is attached.

#### ■ N은/는

| 의미 | 명사에 붙어 문장의 주제를 나타내고, 주어 역할을 함<br>Attached to a noun to indicate the subject of the sentence, serving as the subject. | | | |
|---|---|---|---|---|
| 형태 변화 | 받침 O | 선생님: 선생님은<br>한국 사람: 한국 사람은 | 받침 X | 배우: 배우는<br>요리사: 요리사는 |

#### ■ N이에요/예요

| 의미 | 명사에 붙어 서술어 역할을 함<br>Attached to a noun to serve as the predicate. | | | |
|---|---|---|---|---|
| 형태 변화 | 받침 O | 선생님: 선생님이에요<br>한국 사람: 한국 사람이에요 | 받침 X | 배우: 배우예요<br>요리사: 요리사예요 |

**[예문]**

· 저는 학생이에요.    · 에릭은 가수예요.    · 루카 씨는 독일 사람이에요.

**TIP**

어느: 여럿 중에서 어떤.

어느: which, one among many.

씨: 한국에서 일반적으로 예의 있게 성인을 부를 때, 그 사람의 이름 뒤에 붙여 쓰는 말로서 같은 나이나 또래 사이에서 쓰이며, 윗사람이나 나이가 많은 사람에게는 쓰지 않아요.

씨: In Korea, it is generally used politely after a person's name when addressing adults. It can be used among peers of the same age group but not for elders or those significantly older.

## 연습 Practice

**보기**

왕페이( 은 /(는)) 의사( 이에요 /(예요)).

1)

하루카( 은 / 는 ) 교환학생( 이에요 / 예요 ).

2)

줄리앙( 은 / 는 ) 배우( 이에요 / 예요 ).

3)

퓨퓨아웅( 은 / 는 ) 요리사( 이에요 / 예요 ).

4)

루카( 은 / 는 ) 경찰( 이에요 / 예요 ).

## PART 2 문법

### 문법 2  N이/가

에릭　안녕하세요. 이름**이** 뭐예요?
후이　저는 후이예요.

왕페이　**누가** 일본 사람이에요?
줄리앙　하루카**가** 일본 사람이에요.

### 문법 사용 Using Grammar

- 이/가: 명사에 붙어서 문장의 주어를 나타내요.
  이/가: Attached to a noun to form the subject of a sentence.

■ N이/가

| 의미 | 명사에 붙어서 문장의 주어를 만듦<br>Attached to a noun to form the subject of a sentence. | |
|---|---|---|
| 형태<br>변화 | 이름: 이름**이**<br>한국 사람: 한국 사람**이** | 의사: 의사**가**<br>요리사: 요리사**가** |

[예문]

· 루카가 경찰이에요.　　· 퓨퓨아웅이 요리사예요.　　· 왕페이가 중국 사람이에요.

### TIP

뭐예요? = 무엇+이에요? What is it?

누가 = 누구+가 Who

'누구가'라는 말은 사용하지 않아요. We don't use '누구가' but 누가

## 연습 Practice

 **보기** 와 같이 말하세요.
Speak as shown in the <Example>.

**보기**

러시아  안톤

퓨퓨아웅  누가 러시아 사람이에요?
후이  안톤이 러시아 사람이에요.
= 안톤이에요.

1)
카자흐스탄  아루잔

2)
한국  허지원

3)
미얀마  퓨퓨아웅

4)
미국  에릭

## PART 2　문법

### 문법 3　N은/는 N이/가 아니에요

왕페이　허지원은 가수예요?
아루잔　아니요, 허지원은 가수가 아니에요.
　　　　한국어 선생님이에요.

에릭　퓨퓨아웅 씨는 베트남 사람이에요?
퓨퓨아웅　아니요, 저는 베트남 사람이 아니에요.
　　　　　미얀마 사람이에요.

### 문법 사용 Using Grammar

- 'N이/가 아니에요'는 명사에 붙어 명사의 내용을 부정할 때 사용해요.
  '-이/가 아니에요' is attached to a noun to deny the content of the noun.

■ N이/가 아니에요.

| 의미 | 명사에 붙어 명사의 내용을 부정할 때 사용함<br>Attached to a noun to deny the content of the noun. | | | |
|---|---|---|---|---|
| 형태<br>변화 | 받침 O | 선생님: 선생님이 아니에요<br>한국 사람: 한국 사람이 아니에요 | 받침 X | 의사: 의사가 아니에요<br>요리사: 요리사가 아니에요 |

[예문]

· 저는 학생이 아니에요.　　· 아루잔은 가수가 아니에요.　　· 에릭 씨는 프랑스 사람이 아니에요.

사람 은/이 이에요　　받침 ○

가수 는/가 예요　　받침 ✕

## 연습 Practice

 **보기**와 같이 말하세요.
Speak as shown in the <Example>.

**보기**

줄리앙

| 미국(X) | 프랑스(O) |
|---|---|
| 선생님(X) | 배우(O) |

루 카 　줄리앙 씨는 미국 사람이에요?
줄리앙 　아니요, 저는 미국 사람이 아니에요.
　　　　프랑스 사람이에요.
루 카 　줄리앙 씨는 선생님이에요?
줄리앙 　아니요, 저는 선생님이 아니에요. 배우예요.

1)

루카

| 호주(X) | 독일(O) |
|---|---|
| 학생(X) | 경찰(O) |

2)

왕페이

| 태국(X) | 중국(O) |
|---|---|
| 요리사(X) | 의사(O) |

3)

후이

| 러시아(X) | 베트남(O) |
|---|---|
| 교수(X) | 회사원(O) |

4)

하루카

| 카자흐스탄(X) | 일본(O) |
|---|---|
| 주부(X) | 교환학생(O) |

# PART 3 > 연습 Practice

**보기** 와 같이 연습해 보세요.
Practice as shown in the <Example>.

| 보기 | |
|---|---|
| 한국 (O) 러시아 (X) | 한국어 선생님 |

후 이 　안녕하세요. 이름이 뭐예요?
허지원　저는 허지원이에요.
후 이 　허지원 씨는 러시아 사람이에요?
허지원　저는 러시아 사람이 아니에요. 한국 사람이에요.
후 이 　허지원 씨는 직업이 뭐예요?
허지원　저는 한국어 선생님이에요.

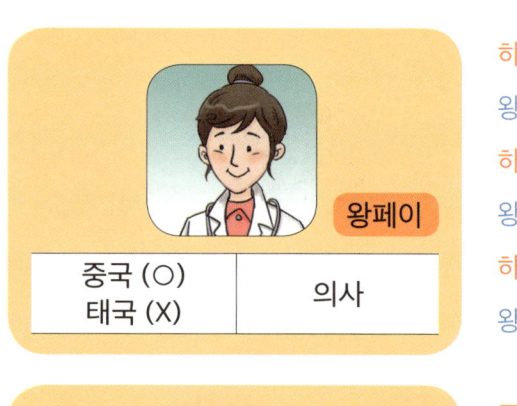

| 중국 (O) 태국 (X) | 의사 |
|---|---|

하루카
왕페이
하루카
왕페이
하루카
왕페이

| 카자흐스탄 (O) 인도네시아 (X) | 주부 |
|---|---|

줄리앙
아루잔
줄리앙
아루잔
줄리앙
아루잔

| 러시아 (O) 캐나다 (X) | 교수 |
|---|---|

후이
안톤
후이
안톤
후이
안톤

# PART 4 > 듣기 Listening

 1. 잘 듣고 알맞은 답을 고르세요. 4-4
Listen carefully and choose the correct answer.

①    ②    ③    ④

2. 잘 듣고 연결하세요. 4-5
Listen carefully and match the items.

1)
아루잔

①

②

2)
왕페이

③

④

 3. 잘 듣고 질문에 답하세요. 4-6
Listen carefully and answer the questions.

1) 하루카 씨는 어느 나라 사람이에요?

_____

2) 에릭 씨는 직업이 뭐예요?

_____

# PART 5 말하기 Speaking

**친구와 대화를 해 보세요.**
Share a conversation with a friend.

**Q1. 이름이 뭐예요?**

**Q2. 어느 나라 사람이에요?**

**Q3. 직업이 뭐예요?**

| 친구 이름 | 나라 | 직업 |
|---|---|---|
|  |  |  |
|  |  |  |
|  |  |  |
|  |  |  |
|  |  |  |

# PART 6 　활동 Activity

**자기소개를 하세요.**
Introduce yourself.

안녕하세요. 저는 아루잔이에요.

저는 카자흐스탄 사람이에요.

저는 주부예요.

만나서 반가워요.

**한국어로 자기소개 동영상을 만들어 보세요.**
Make a self-introduction video in Korean.

# PART 7    자가 점검 Self-Check

| | 질문 Questions | 네 Yes | 아니요 No |
|---|---|---|---|
| 1 | 나는 한국어로 자기소개를 할 수 있어요.<br>I can introduce myself in Korean. | | |
| 2 | 나는 '은/는, 이/가, -이에요/예요'를 사용할 수 있어요.<br>I can use '은/는, 이/가, -이에요/예요'. | | |
| 3 | 나는 '직업' 관련 어휘를 알고 말할 수 있어요.<br>I can understand and use vocabulary related to jobs in Korean. | | |
| 4 | 나는 '나라' 이름을 알고 말할 수 있어요.<br>I can understand and say the names of countries in Korean. | | |
| 5 | 나는 친구에게 이름, 직업, 국적을 물어볼 수 있어요.<br>I can ask my friend their name, job, and nationality in Korean. | | |

**MEMO**

# 5과
Lesson 5

# 그것은 누구의 가방이에요?

Whose bag is that?

- 이것이 뭐예요? What is this?
- 저것은 누구의 책이에요? Whose book is that?

### 학습 목표 Learning Objectives

1. 교실 물건 이름을 알고 사용할 수 있어요.
   I can understand and use the names of classroom items in Korean.

2. '이, 그, 저'를 구별하여 사용할 수 있어요.
   I can distinguish and use '이, 그, 저' correctly in Korean.

3. '의'의 의미를 알고 사용할 수 있어요.
   I can understand the meaning of '의' and can use it correctly in Korean.

4. 누구의 물건인지 질문을 하고 대답을 할 수 있어요.
   I can ask and answer questions about whose item it is in Korean.

# PART 1   어휘 Vocabulary

## 물건 (1) items (1)

## 연습 Practice

물건 이름을 <보기>에서 골라 쓰세요.
Choose and write the names of items from the <Example>.

> **보기**
> 칠판  문  책  시계  책상  의자  창문
> 필통  볼펜  연필  가방  우산  휴대 전화

# PART 2 > 문법 Grammar

## 문법 1  이것/그것/저것  🎧 5-1

아루잔  **이것이** 뭐예요?
왕페이  **이것은** 가방이에요.

하루카  **저것이** 뭐예요?
에릭    **저것은** 시계예요.

루카    **그것이** 뭐예요?
안톤    **이것은** 한국어 책이에요.

### 문법 사용 Using Grammar

- '이, 그, 저'는 위치와 상황에 따라서 다르게 사용해요.
  '이, 그, 저' are used differently depending on the location and situation.
- 이: 말하는 사람에게 가까운 것을 가리킬 때 사용해요.
  이: Used to refer to something close to the speaker.
- 그: 듣는 사람에게 가까운 것을 가리키거나 대화를 나누는 현장에 없는 것을 가리킬 때 사용해요.
  그: Used to refer to something close to the listener or not present in the conversation.
- 저: 말하는 사람과 듣는 사람 모두에게 멀리 있는 것을 가리킬 때 사용해요.
  저: Used to refer to something far from both the speaker and the listener.
- 이야기를 할 때 '이것은=이건, 그것은=그건, 저것은=저건'과 같이 줄여서 말할 수 있어요.
  In speaking situation, you can shorten '이것은' to '이건', '그것은' to '그건', and '저것은' to '저건'.

| 이 | 그 | 저 |
|---|---|---|
| 이것 | 그것 | 저것 |
| 이+N (이 가방) | 그+N (그 가방) | 저+N (저 가방) |

[예문]

- 저것은 칠판이에요.
- 후이: 저것이 뭐예요?
  에릭: 그것은 시계예요.
- 지원: 이것이 뭐예요?
  루카: 이것은 볼펜이에요.

## 연습 Practice

 **보기** 와 같이 말하세요.
Speak as shown in the <Example>.

하루카  이것이 뭐예요?
안톤    그것은 가방이에요.

1)

2)

3)

4)

| PART 2 | 문법 |

## 문법 2  N의 N

줄리앙  이 책은 누구의 책이에요?
아루잔  그 책은 **하루카 씨의 책**이에요.

루카  그 가방은 누구의 가방이에요?
후이  이 가방은 **제 가방**이에요.

### 문법 사용 Using Grammar

- 의: 명사 뒤에 오는 명사에 대해 소유, 소속, 관계 등의 의미를 나타내요. '의'는 [에]로 발음해요.
  의: Indicates possession, affiliation, or relationship when it comes after a noun. It is pronounced as [에].

  이 때 '의'는 생략도 가능합니다.
  At this time, '의' can be omitted.

- '저+의(저의)=제', '나+의(나의)=내'와 같이 줄여서 이야기해요.
  Shortened form of '저+의(저의)' to '제', and '나+의(나의)' to '내'.

- 누구의 것이에요? = 누구 거예요?
  Whose is it? = Whose item is it?

**[예문]**

· 저것은 친구의 가방이에요.
· 그것은 제 우산이 아니에요.

· 하루카: 이것은 누구의 지우개예요?
  퓨퓨아웅: 이것은 에릭 씨의 지우개예요.

## 연습 Practice

 **보기**와 같이 말하세요.
Speak as shown in the <Example>.

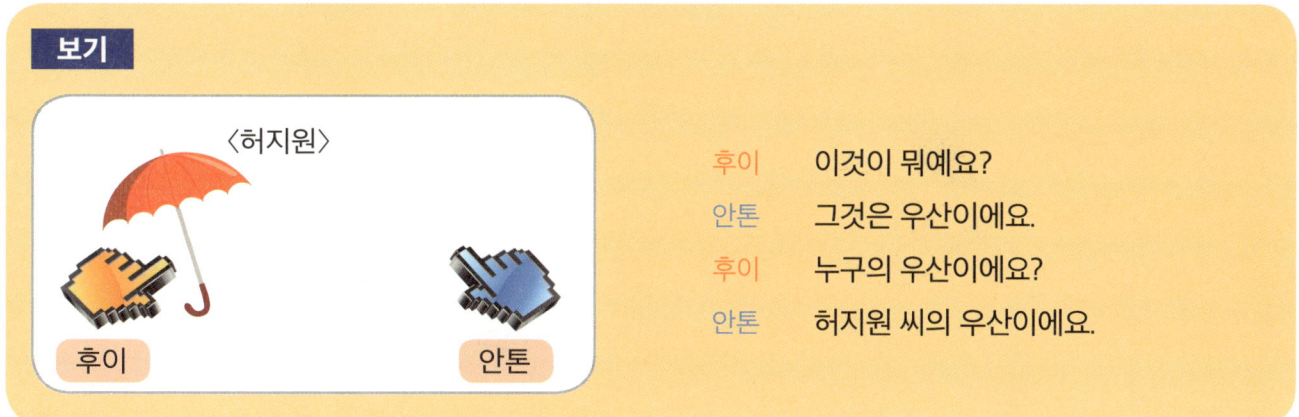

1)

2)

3)

4)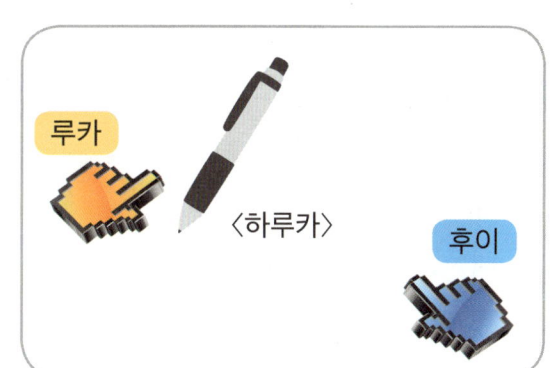

# PART 3 > 연습 Practice

**보기** 와 같이 연습해 보세요.
Practice as shown in the <Example>.

| | |
|---|---|
| 보기 후이 X / 왕페이 O | 하루카 이것이 후이 씨의 휴대 전화예요?<br>에 릭 아니요, 그것은 후이 씨의 휴대 전화가 아니에요.<br>하루카 누구의 휴대 전화예요?<br>에 릭 왕페이 씨의 휴대 전화예요. |

1.
줄리앙 X / 후이 O

하루카 _____
에 릭 _____
하루카 _____
에 릭 _____

2.
퓨퓨아웅 X / 에릭 O

하루카 _____
에 릭 _____
하루카 _____
에 릭 _____

3.
허지원 X / 안톤 O

하루카 _____
에 릭 _____
하루카 _____
에 릭 _____

# PART 4 — 듣기 Listening

 **1. 잘 듣고 연결하세요.**
Listen carefully and match the items.

보기 ———————————————— 허지원 / 루카 (의자)

① •                           • ㉠  루카 / 허지원 (연필)

② •                           • ㉡  허지원 / 루카 (책)

③ •                           • ㉢ 허지원 / 루카 (모자)

 **2. 잘 듣고 알맞은 그림을 고르세요.**
Listen carefully and choose the correct picture.

① 안톤        ② 안톤        ③ 에릭        ④ 에릭

5과_그것은 누구의 가방이에요?

# PART 5 말하기 Speaking

**아루잔과 퓨퓨아웅이 되어 대화를 해 보세요.**
Role-play a conversation as Aruzhan and Phyu Phyu Aung.

**보기**

아루잔   저것이 뭐예요?
퓨퓨아웅 저것은 우산이에요.
아루잔   누구의 우산이에요?
퓨퓨아웅 하루카 씨의 우산이에요.

# PART 6 > 활동 Activity

**상자 안에 여러분의 물건을 넣어 보세요. 그리고 이야기를 해 보세요.**
Put your items in the box and share a story about them.

# PART 7 ▸ 자가 점검 Self-Check

| | 질문 Questions | 네 Yes | 아니요 No |
|---|---|---|---|
| 1 | 나는 교실 물건 이름을 알고 사용할 수 있어요.<br>I can understand and use the names of classroom items in Korean. | | |
| 2 | 나는 '이, 그, 저'를 구별하여 사용할 수 있어요.<br>I can distinguish and use '이, 그, 저' correctly in Korean.. | | |
| 3 | 나는 '이것, 그것, 저것'을 구별하여 사용할 수 있어요.<br>I can distinguish and use '이것, 그것, 저것'. | | |
| 4 | 나는 '의'의 의미를 알고 사용할 수 있어요.<br>I can understand the meaning of '의' and can use it correctly in Korean. | | |
| 5 | 나는 이것이/그것이/저것이 누구의 물건인지 질문을 하고 대답을 할 수 있어요.<br>I can ask and answer questions about whose item it is in Korean. | | |

**MEMO**

# 6과
Lesson 6

## 옷이 어디에 있어요?

Where are the clothes?

- 옷이 어디에 있어요? Where are the clothes?
- 책과 볼펜이 없어요? Are the book and pen not here?

### 학습 목표 Learning Objectives

1. 위치 표현을 구별하여 사용할 수 있어요.
   I can distinguish and use location expressions in Korean.

2. 물건 이름을 알고 사용할 수 있어요.
   I can understand and use the names of items in Korean.

3. 'N에 있어요/없어요'의 의미를 알고 사용할 수 있어요.
   I can understand the meaning of 'N에 있어요/없어요' and can use it correctly

4. 'N와/과'의 의미를 알고 사용할 수 있어요.
   I can understand the meaning of 'N와/과' and can use it correctly.

# PART 1   어휘 Vocabulary

## 위치 location

## 물건 (2) items (2)

**학습 어휘 Learning Vocabulary**
- 어디 where
- 강아지 puppy
- 마당 yard
- 방 room
- 거실 living room

## 연습 Practice

 1. 보기 와 같이 물건의 이름을 쓰세요.
Write the names of the items as shown in the <Example>.

| 보기 | 소파 |

 2. 10번씩 쓰세요.
Write words 10 times each.

| | | |
|---|---|---|
| 위 | | 위 |
| 아래(밑) | | 아래(밑) |
| 앞 | | 앞 |
| 뒤 | | 뒤 |
| 사이(중간) | | 사이(중간) |
| 오른쪽 | | 오른쪽 |
| 왼쪽 | | 왼쪽 |
| 옆 | | 옆 |
| 안 | | 안 |
| 밖 | | 밖 |

# PART 2 문법 Grammar

### 문법 1  N(위치)에 있어요/없어요

왕페이  컵이 어디에 있어요?
아루잔  컵이 책상 위에 있어요.

루카  소파 아래에 가방이 있어요?
에릭  아니요, 소파 아래에 가방이 없어요.
　　　소파 옆에 가방이 있어요.

### 문법 사용 Using Grammar

- 'N(위치)에 있어요/없어요'는 사물이 존재하는 위치 명사 뒤에 붙여 사용해요.
  '-에 있어요/없어요' is used after a location noun to indicate the presence or absence of an object.

[예문]
- 책은 책상 위에 있어요.
- 옷이 옷장 안에 없어요.

- 후이: 휴대 전화가 어디에 있어요?
  왕페이: 휴대 전화가 소파 아래에 있어요.

## 연습 Practice

 **보기** 와 같이 말하세요.
Speak as shown in the <Example>.

**보기**

가방이 책상 아래에 있어요.

1)

2)

3)

4)

## PART 2  문법

### 문법 2  N와/과

| | |
|---|---|
| 지원 | 테이블 위에 무엇이 있어요? |
| 안톤 | 테이블 위에 **컵과** 책이 있어요. |

| | |
|---|---|
| 퓨퓨아웅 | 방 안에 무엇이 있어요? |
| 하루카 | **침대와** 책상이 있어요. |
| | **책상과** 침대가 있어요. |

### 문법 사용 Using Grammar

- '와/과'는 사물, 사람을 나열할 때 사용해요.
  '와/과' is used to list multiple objects or people.

■ N은/는

| 의미 | 사물, 사람을 나열할 때 사용함<br>Used to list multiple objects or people. | | |
|---|---|---|---|
| 형태<br>변화 | 받침 O | 선생님: 선생님**과**<br>한국 사람: 한국 사람**과** | 받침 X | 배우: 배우**와**<br>요리사: 요리사**와** |

[예문]

· 책상 위에 책과 볼펜이 있어요.
· 옷장 안에 모자와 옷이 없어요.
· 컵과 휴대전화 사이에 액자가 있어요.

## 연습 Practice

 **보기**와 같이 말하세요.
Speak as shown in the <Example>.

**보기**

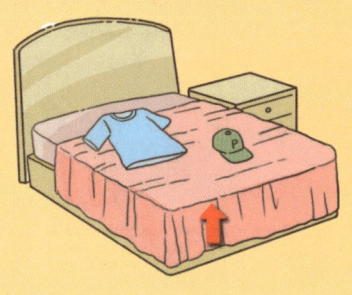

하루카 　침대 위에 무엇이 있어요?
후이 　옷과 모자가 있어요.
　　　모자와 옷이 있어요.

1)

2)

3)

4)

# PART 3 연습 Practice

**보기** 와 같이 연습해 보세요.
Practice as shown in the <Example>.

| 보기 |
|---|

아루잔 마당에 무엇이 있어요?
줄리앙 마당에 나무와 자동차가 있어요.
아루잔 자동차가 어디에 있어요?
줄리앙 자동차가 나무 앞에 있어요.

아루잔 _____
줄리앙 _____
아루잔 _____
줄리앙 _____

아루잔 _____
줄리앙 _____
아루잔 _____
줄리앙 _____

아루잔 _____
줄리앙 _____
아루잔 _____
줄리앙 _____

# PART 4   듣기 Listening

🔊 **1. 잘 듣고 O, X 하세요.** 🎧6-3
　　Listen carefully and mark O or X.

① (　　) ② (　　) ③ (　　) ④ (　　) ⑤ (　　) ⑥ (　　)

🔊 **2. 잘 듣고 알맞은 것을 고르세요.** 🎧6-4
　　Listen carefully and choose the correct one.

①

②

③

④

# PART 5   말하기 Speaking

**친구와 이야기해 보세요.**
Talk with your friend.

| 보기 | 아루잔 | 책상이 어디에 있어요? |
|---|---|---|
| | 왕페이 | 침대 옆에 있어요. |

1)
2)
3)
4)
5)
6)

# PART 6 — 활동 Activity

**친구의 방에 무엇이 있어요? 친구의 이야기를 들으면서 그려 보세요.**
What is in your friend's room? Draw while listening to your friend's description.

# PART 7 ── 자가 점검 Self-Check

| | 질문 Questions | 네 Yes | 아니요 No |
|---|---|---|---|
| 1 | 나는 위치 표현(위, 아래, 옆, 앞, 뒤, 안, 밖, 사이)를 구별하여 사용할 수 있어요.<br>I can distinguish and use location expressions (above, below, beside, in front, behind, inside, outside, between) correctly in Korean. | | |
| 2 | 나는 물건 이름을 알고 사용할 수 있어요.<br>I can understand and use the names of items in Korean. | | |
| 3 | 나는 'N에 있어요/없어요'의 의미를 알고 사용할 수 있어요.<br>I can understand the meaning of 'N에 있어요/없어요' and can use it. | | |
| 4 | 나는 'N와/과'의 의미를 알고 사용할 수 있어요.<br>I can understand the meaning of 'N와/과' and can use it. | | |
| 5 | 나는 물건의 위치를 질문을 하고 대답을 할 수 있어요.<br>I can ask and answer questions about the location of items in Korean. | | |

**MEMO**

# 7과
Lesson 7

# 얼마예요?

How much is it?

- 여러분, 한국 전화번호가 있어요? Do you have a Korean phone number?
- 전화번호가 뭐예요? / 몇 번이에요? What is your phone number?
- 여러분 가방이 얼마예요? How much is your bag?

### 학습 목표 Learning Objectives

1. 한자어 숫자(Sino-Korean number)를 말하고 쓸 수 있어요.
   I can say and write Sino-Korean numbers.

2. 금액(돈)을 정확하게 읽고 말할 수 있어요.
   I can read and say amounts (money) accurately in Korean.

3. 물건을 사는 데 필요한 표현을 사용할 수 있어요.
   I can use expressions needed for shopping in Korean.

4. 전화번호를 물어보고 말하고 듣고 쓸 수 있어요.
   I can ask for, tell, listen to, and write phone numbers.

## PART 1 — 어휘 Vocabulary

| 숫자 Number | 고유어 숫자 Pure Korean Number | 하나, 둘, 셋, 넷, 다섯, 여섯, 일곱. 여덟, 아홉, 열... |
|---|---|---|
| | 한자어 숫자 Sino-Korean Number | 일, 이, 삼, 사, 오, 육, 칠, 팔, 구, 십... |

### 숫자 Sino-Korean number

| | | | | | |
|---|---|---|---|---|---|
| 1 | 일 | 11 | 십일 | 30 | 삼십 |
| 2 | 이 | 12 | 십이 | 40 | 사십 |
| 3 | 삼 | 13 | 십삼 | 50 | 오십 |
| 4 | 사 | 14 | 십사 | 60 | 육십 |
| 5 | 오 | 15 | 십오 | 70 | 칠십 |
| 6 | 육 | 16 | 십육 | 80 | 팔십 |
| 7 | 칠 | 17 | 십칠 | 90 | 구십 |
| 8 | 팔 | 18 | 십팔 | 100 | 백 |
| 9 | 구 | 19 | 십구 | 1000 | 천 |
| 10 | 십 | 20 | 이십 | 10000 | 만 |
| 0 | 공/영 | | | | |

### 학습 어휘 Learning Vocabulary

- 가게 store
- 사과 apple
- 귤 tangerine
- 오이 cucumber
- 파 green onion
- 잠시만요 just a moment, please
- 과일 fruit
- 수박 watermelon
- 채소 vegetables
- 방울토마토 cherry tomato
- 단(파 한 단) bunch (a bunch of green onions)
- 전화번호 phone number
- 바나나 banana
- 포도 grape
- 양파 onion
- 파프리카 paprika
- 사무실 office

## 연습 Practice

 **다음 숫자를 한글로 쓰세요.**
Write the following numbers in Korean.

| Number | Korean | 연습 Practice | | | | | |
|---|---|---|---|---|---|---|---|
| 0 | 공/영 | 공/영 | | | | | |
| 1 | 일 | | | | | | |
| 2 | 이 | | | | | | |
| 3 | 삼 | | | | | | |
| 4 | 사 | | | | | | |
| 5 | 오 | | | | | | |
| 6 | 육 | | | | | | |
| 7 | 칠 | | | | | | |
| 8 | 팔 | | | | | | |
| 9 | 구 | | | | | | |
| 10 | 십 | | | | | | |
| 20 | | | | | | | |
| 30 | | | | | | | |
| 40 | | | | | | | |
| 50 | | | | | | | |
| 60 | | | | | | | |
| 70 | | | | | | | |
| 80 | | | | | | | |
| 90 | | | | | | | |
| 100 | | | | | | | |
| 1,000 | | | | | | | |
| 10,000 | | | | | | | |
| 100,000 | | | | | | | |

# PART 2  문법 Grammar

### 문법 1  숫자

하루카  **전화번호**가 **뭐예요**?
안톤    **010** **6798** **1234**예요.
        공일공  육칠구팔  일이삼사예요.

왕페이  사무실 전화번호가 **몇 번**이에요?
지원    **02** - **2745** - **3267**이에요.
        공이(에) 이칠사오(에) 삼이육칠이에요.

### 문법 사용 Using Grammar

- 전화번호 숫자 뒤에 '-'는 '의'라고 쓰고 [에]라고 발음해요.
  In phone numbers, write '-' as '의' and pronounce it as [에].

**[예문]**

- 02  -  2745  -  3267이에요.
  공이의[에]  이칠사오의[에]  삼이육칠이에요.
- 010  -  2087  -  1642예요.
  공일공의[에]  이공팔칠의[에]  일육사이예요.

## 연습 Practice

 **보기**와 같이 말하세요.
Speak as shown in the <Example>.

**보기**

퓨퓨아웅  에릭 씨, 전화번호가 몇 번이에요?/뭐예요?
에릭    제 전화번호는 010-3684-7307이에요.

1)

왕페이  지원 씨, 전화번호가 몇 번이에요?
지원    제 전화번호는
       010-4131-8501이에요.

2)

루카   후이 씨, 전화번호가 뭐예요?
후이   제 전화번호는
      010-2575-5325예요.

3)

안톤   아루잔 씨, 사무실 전화번호가
      몇 번이에요?
아루잔  잠시만요, 사무실 전화번호는
       031-238-9962예요.

4)

하루카  줄리앙 씨, 그 커피숍 전화번호가
       뭐예요?
줄리앙  잠시만요. 02-2173-6567이에요.

## PART 2  문법

### 문법 2  숫자 읽기

루카 　 커피가 **얼마예요**?
지원 　 **5,000원**이에요.
　　　　(오천원)

왕페이 　 그 컴퓨터는 **얼마예요**?
퓨퓨아웅 　 **1,250,000원**이에요.
　　　　　(백이십오만원)

### 문법 사용 Using Grammar

- 한국에서는 돈 단위가 '원'이에요.
  In Korea, the currency unit is '원'.
- 100은 일백이 아니라 '백'이라고 읽고 말해요. 같은 방식으로 1,000도 '천', 10,000도 '만'이라고 읽고 말해요.
  100 is read and spoken as '백', not 일백. In the same way, 1,000 is read and spoken as '천' and 10,000 as '만'.

■ 숫자 읽기 Reading numbers

| 1 | 0 | 0 | 0 | 0 | 0 | 0 | 0 | 0 |
|---|---|---|---|---|---|---|---|---|
| 억 | 천만 | 백만 | 십만 | 만 | 천 | 백 | 십 | 일 |

> **TIP**
> 한국의 숫자 읽기는 영어로 읽는 방법과는 달라요. 영어는 천 단위로 읽지만 한국어는 만 단위로 읽어요.
> Reading number in korean is different from English. English is read by the thousand unit, but Korean is read by the ten thousands unit.

[예]

- 100000　십만　　　　　　　10 / 0000　　　　　십 / 만
- 125000　십이만 오천　　　　12 / 5000　　　　　십이 / 만 / 오천
- 134090　십삼만 사천구십　　13 / 4090　　13만 4090　십삼 / 만 / 사천구십
- 1250000　백이십오만　　　　125 / 0000　　125만　　백이십오 / 만

## 연습 Practice

  **1. 다음 숫자를 읽고 한글로 쓰세요.**
Read the following numbers and write them in Korean.

① 0 _____  ② 9 _____  ③ 13 _____  ④ 18 _____

⑤ 24 _____  ⑥ 27 _____  ⑦ 33 _____  ⑧ 37 _____

⑨ 41 _____  ⑩ 52 _____  ⑪ 60 _____  ⑫ 79 _____

⑬ 82 _____  ⑭ 100 _____  ⑮ 101 _____  ⑯ 111 _____

⑰ 119 _____  ⑱ 114 _____  ⑲ 486 _____  ⑳ 596 _____

  **2. 다음 숫자를 읽고 한글로 쓰세요.**
Read the following numbers and write them in Korean.

> **예**  358000원 → 35/8000 삼십오만팔천원

① 1원 _____  ② 10원 _____  ③ 100원 _____  ④ 1000원 _____

⑤ 1001원 _____  ⑥ 1011원 _____  ⑦ 1111원 _____  ⑧ 1050원 _____

⑨ 2500원 _____  ⑩ 3900원 _____  ⑪ 5800원 _____  ⑫ 9909원 _____

⑬ 10000원 _____  ⑭ 10001원 _____  ⑮ 10011원 _____  ⑯ 10111원 _____

⑰ 11111원 _____  ⑱ 25900원 _____  ⑲ 100000원 _____  ⑳ 108000원 _____

# PART 3 연습 Practice

 **보기** 와 같이 말하세요.
Speak as shown in the <Example>.

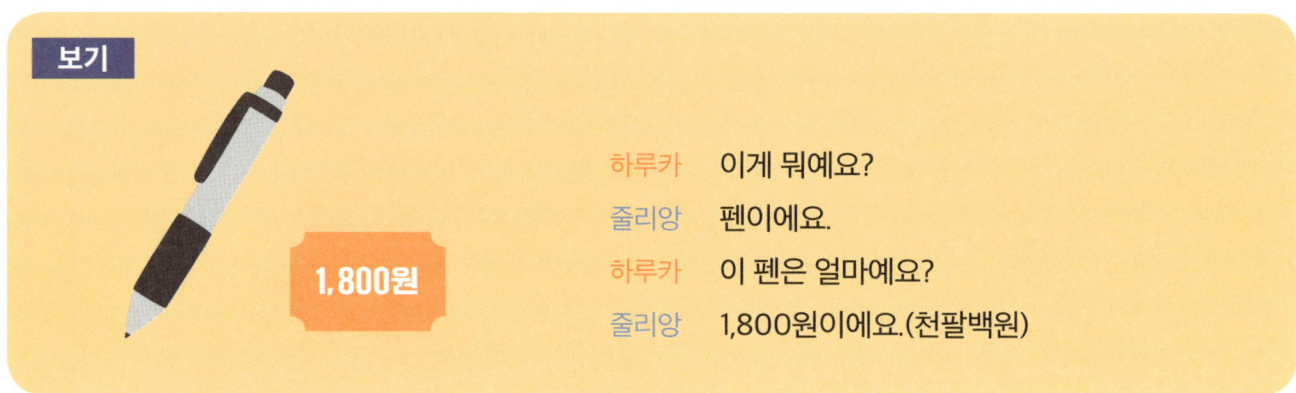

보기

하루카 이게 뭐예요?
줄리앙 펜이에요.
하루카 이 펜은 얼마예요?
줄리앙 1,800원이에요.(천팔백원)

1)

9,900원

2)
17,800원

3)

500,000원
Sale ⇒ 350,000원

4)

1,894,900원

5)

36,740,000원

6)

570,000,000원

# PART 4 > 듣기 Listening

 1. 하루카 씨 전화번호는 몇 번이에요?
   What is Haruka's phone number?

   ① 010-4809-3245   ② 010-4809-4245   ③ 010-3809-4235   ④ 010-3809-3235

 2. 펜은 얼마예요? 7-4
   How much is the pen?

   ① 1,200원   ② 1,300원   ③ 1,400원   ④ 1,500원

 3. 다음 중 틀린 것(X)을 고르세요.
   Choose the incorrect one (X) from the following.

   ① 공책: 1,800원   ② 가방: 12,000원   ③ 지우개: 300원   ④ 연필: 700원

 4. 컴퓨터는 얼마예요? 듣고 쓰세요. 7-6
   How much is the computer? Listen and write.         _____ 원

# PART 5 말하기 Speaking

 **보기** 와 같이 말하세요.
Speak as shown in the <Example>.

**보기**

하루카    안녕하세요?
안톤    아, 하루카 씨, 안녕하세요. 한국 전화번호 있어요?
하루카    네, 있어요.
안톤    전화번호가 몇 번이에요?
하루카    제 전화번호는 010-2398-7765예요. 안톤 씨는요?
안톤    아, 저는 아직 한국 전화번호가 없어요. 그 휴대폰은 얼마예요?
하루카    조금 비싸요. 1,680,000원이에요.

1)

후이    안녕하세요?
왕페이    아, 후이 씨, 안녕하세요. 한국 전화번호 있어요?
후이    네, 있어요.
왕페이    전화번호가 몇 번이에요?
후이    제 전화번호는 _____이에요/예요. 왕페이 씨는요?
왕페이    아, 저는 아직 한국 전화번호가 없어요. 그 휴대폰은 얼마예요?
후이    조금 비싸요. _____이에요.

2)

에릭    안녕하세요?
아루잔    아, 에릭 씨, 안녕하세요. 한국 전화번호 있어요?
에릭    네, 있어요.
아루잔    전화번호가 몇 번이에요?
에릭    제 전화번호는 _____이에요/예요. 아루잔 씨는요?
아루잔    아, 저는 아직 한국 전화번호가 없어요. 그 휴대폰은 얼마예요?
에릭    조금 비싸요. _____이에요.

3)

퓨퓨아웅    안녕하세요?
줄리앙    아, 퓨퓨아웅 씨, 안녕하세요. 한국 전화번호 있어요?
퓨퓨아웅    네, 있어요.
줄리앙    전화번호가 몇 번이에요?
퓨퓨아웅    제 전화번호는 _____이에요/예요. 퓨퓨아웅 씨는요?
줄리앙    아, 저는 아직 한국 전화번호가 없어요. 그 휴대폰은 얼마예요?
퓨퓨아웅    조금 비싸요. _____이에요.

# PART 6  활동 Activity

**1. 친구의 전화번호를 묻고 내 전화번호도 알려 주세요.**
Ask for your friend's phone number and share your own.

지원  안녕하세요. 루카 씨, 전화번호가 뭐예요?
루카  제 전화번호는 _____이에요/예요.
     지원 씨 전화번호는 뭐예요?
지원  제 전화번호는 _____이에요/예요.
     /한국 전화번호가 없어요.

| 친구 | 전화번호 |
|---|---|
| A | |
| B | |
| C | |
| D | |

**2. 다음 두 가게에서 파는 과일과 채소가 얼마인지 물어 보세요.**
Ask how much the fruits and vegetables are at the following two stores.

### 과일 가게

귤 3kg 14,500원
포도 1송이 1,800원
수박 1통 25,000원
사과 5개 4,900원
바나나 1송이 3,900원

### 채소 가게

양파(3Kg) 4,000원
파 한단 2,500원
방울토마토 500g(한박스) 7,900원
오이 2개 2,000원
파프리카 3개 5,000원

# PART 7 — 자가 점검 Self-Check

| | 질문 Questions | 네 Yes | 아니요 No |
|---|---|---|---|
| 1 | 나는 1부터 100,000,000까지 숫자를 읽고 쓸 수 있어요.<br>I can read and write numbers from 1 to 100,000,000 in Korean. | | |
| 2 | 나는 전화번호를 물어보고 말할 수 있어요.<br>I can ask for and say phone numbers in Korean. | | |
| 3 | 나는 물건의 가격을 물어볼 수 있어요.<br>I can ask about the price of items in Korean. | | |
| 4 | 나는 물건의 가격을 정확히 읽고 말할 수 있어요.<br>I can accurately read and say the prices of items in Korean. | | |

**MEMO**

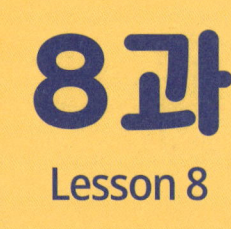

# 8과
Lesson 8

## 치즈버거도 한 개 주세요.

Please give me one cheeseburger too.

- 여러분은 점심에 무엇을 먹어요? What do you eat for lunch?
- 여러분은 음식 주문을 어떻게 해요? How do you order food?

### 학습 목표 Learning Objectives

1. 고유어 숫자를 알고 활용할 수 있어요.(하나, 둘, 셋, 넷…)
   I can understand and use pure Korean numbers. (One, two, three, four...)

2. 단위 명사를 알고 사용할 수 있어요. (개, 명, 병, 잔…)
   I can understand and use Korean unit nouns. (Piece, person, bottle, cup...)

3. 음식 이름을 한국어로 알고 말할 수 있어요.
   I can understand and say the names of foods in Korean.

4. 'N+주세요'의 의미를 알고 사용할 수 있어요.
   I can understand and use the meaning of 'N+주세요'.

5. '숫자, 단위 명사, 그리고, 도, 주세요'를 사용하여 음식 주문하기를 할 수 있어요.
   (치즈버거 세 개 주세요. 그리고 콜라도 주세요.)
   I can order food using numbers, unit nouns, and 그리고, 도, 주세요.
   (Three cheeseburgers, please. And also a Coke, please.)

6. 키오스크에 있는 한국어를 알고 주문할 수 있어요.
   I understand the Korean on a kiosk and can order food.

# PART 1  어휘 Vocabulary

### 음식 food

| 한식 Korean food | 불고기 | 비빔밥 | 갈비 | 김치 | 냉면 |
| --- | --- | --- | --- | --- | --- |
| 분식 snacks | 떡볶이 | 라면 | 만두 | 어묵 | 김밥 | 순대 |
| 중식 Chinese food | 마라탕 | 훠궈 | 자장면/짜장면 | 짬뽕 | 탕수육 |
| 일식 Japanese food | 초밥(스시) | 우동 | 회 | 돈가스 |
| 패스트푸드 fast food | 감자튀김 | 햄버거 | 치킨 |
| 음료 beverages | 물 | 콜라 | 사이다 | 주스 |

| 숫자 Number | 고유어 숫자 Pure Korean Number | 하나, 둘, 셋, 넷, 다섯, 여섯, 일곱. 여덟, 아홉, 열… |
|---|---|---|
| | 한자어 숫자 Sino-Korean Number | 일, 이, 삼, 사, 오 육, 칠, 팔, 구, 십… |

| 1 | 2 | 3 | 4 | 5 | 6 | 7 | 8 | 9 | 10 |
|---|---|---|---|---|---|---|---|---|---|
| 하나 | 둘 | 셋 | 넷 | 다섯 | 여섯 | 일곱 | 여덟 | 아홉 | 열 |

| 11 | 20 | 30 | 40 | 50 | 60 | 70 | 80 | 90 | 100 |
|---|---|---|---|---|---|---|---|---|---|
| 열하나 | 스물 | 서른 | 마흔 | 쉰 | 예순 | 일흔 | 여든 | 아흔 | 백 |

## 연습 Practice

 숫자를 10번씩 쓰세요.
Write the numbers 10 times each.

| 하나 | 하나 하나 하나 |
|---|---|
| 둘 | |
| 셋 | |
| 넷 | |
| 다섯 | |
| 여섯 | |
| 일곱 | |
| 여덟 | |
| 아홉 | |
| 열 | |

## 학습 어휘 Learning Vocabulary

- 산타할아버지 Santa Claus
- 새우버거 shrimp burger
- 포장 to-go / take away
- 잠시만 기다려 주세요. please wait a moment.
- 치즈버거 cheeseburger
- 맥주 beer
- 와플 waffle
- 아메리카노 Americano
- 주문하다 to order

# PART 2  문법 Grammar

## 문법 1  단위 명사

왕페이 　펜이 있어요?
에릭 　네, 펜이 하나 있어요.

퓨퓨아웅 　햄버거가 **몇 개**예요?
줄리앙 　햄버거가 **세 개**예요.

### 단위 명사 Unit Nouns

개

명/분

인분

그릇/접시

세트

조각

판

줄

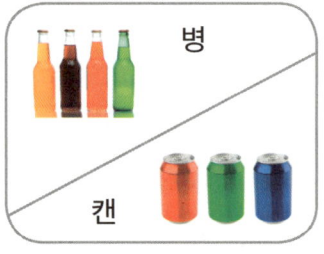
병/캔

잔

마리

자루

| 송이 | 다발 | 층 | 대 |
| 박스/상자 | 시 | 장 | 권 |

### 문법 사용 Using Grammar

- '사물/음식/음료 + 숫자 + 단위 명사' 순서로 사용해요.
  Use in the order of 'item/food/drink + number + unit noun'.
- '개, 명, 병, 잔' 등의 단위 명사와 함께 쓸 때 하나, 둘, 셋, 넷은 '한, 두, 세, 네'로 사용해요.
  When using unit nouns such as '개, 명, 병, 잔', the numbers 하나, 둘, 셋, 넷 are changed into '한, 두, 세, 네'.

| 1 | 2 | 3 | 4 | 5 | 6 | 7 | 8 | 9 | 10 |
|---|---|---|---|---|---|---|---|---|---|
| 하나 | 둘 | 셋 | 넷 | 다섯 | 여섯 | 일곱 | 여덟 | 아홉 | 열 |
| 한 개 | 두 개 | 세 개 | 네 개 | 다섯 개 | 여섯 개 | 일곱 개 | 여덟 개 | 아홉 개 | 열 개 |

| 20 | 21 | 22 | 23 | 24 |
|---|---|---|---|---|
| 스물 | 스물+하나 | 스물+둘 | 스물+셋 | 스물+넷 |
| 스무 개 | 스물 한 개 | 스물 두 개 | 스물 세 개 | 스물 네 개 |

- '스물'이 단위 명사와 함께 사용할 때 '스무'로 변해요.
  '스물' changes to '스무' when used with a unit noun.
- '서른, 마흔, 쉰, 예순, 일흔, 여든, 아흔'은 변하지 않아요.
  '서른, 마흔, 쉰, 예순, 일흔, 여든, 아흔' do not change.
  → 서른 개, 마흔 개, 쉰 개, 예순 개, 일흔 개, 여든 개, 아흔 개

## PART 2 문법

### 연습 Practice

**1. 단위 명사를 10번씩 쓰세요.**
Write the unit nouns 10 times each.

| | | |
|---|---|---|
| | 개 | 개 개 개 |
| | 대 | |
| | 명 | |
| | 분 | |
| | 병 | |
| | 잔 | |
| | 그릇 | |
| | 장 | |
| | 마리 | |
| | 자루 | |
| | 판 | |
| | 송이 | |
| | 다발 | |
| | 층 | |
| | 세트 | |
| | 박스 | |
| | 캔 | |
| | 권 | |
| | 인분 | |
| | 시 | |
| | 줄 | |
| | 조각 | |

**보기** 와 같이 말하세요.
Speak as shown in the <Example>.

**보기**

루카　가방이 있어요?
안톤　네, 있어요.
루카　가방이 몇 개 있어요?
안톤　가방이 한 개 있어요.

가방 / 1

1)

장미꽃 / 8

2)

강아지 / 1

3)

자동차 / 3

4)

커피 / 6

5)

비빔밥 / 4

6)

사람 / 2

## PART 2  문법

### 문법 2  N+주세요

지원  치즈버거 세 개 주세요.
점원  여기 있어요.

아루잔  카페라떼 한 잔 주세요.
점원  여기 있어요.

### 문법 사용 Using Grammar    N+주세요

- '주세요'는 주다(give)의 높임 표현(-으세요)으로 음식을 주문할 때나 상대방에게 특정한 물건을 요청할 때 음식 이름이나 물건 이름 뒤에 '주세요'를 말하면 돼요.
  '주세요' is the polite form of 주다 (to give). Use it when ordering food or requesting a specific item by saying '주세요' after the name of the food or item.

[예문]

- 저는 펜이 없어요. → 펜 주세요.
- 엄마, 저는 지금 돈이 없어요. → 돈 주세요.
- 카페에서 → 커피 한 잔 주세요.

**산타 할아버지에게 말하세요.**
Talk to Santa Claus.

"산타 할아버지,

_____ 주세요."

**보기** 와 같이 말하세요.
Speak as shown in the <Example>.

**보기**

미쉘　치즈버거 세 개 주세요.
하루카　여기 있어요.

치즈버거 / 3

1)

가방 / 4

2)

연필 / 3

3)

아메리카노 / 2

4)

새우버거 / 8

5)

우유 / 12

6)

불고기 / 1

| PART 2 | 문법 |

## 문법 3 그리고 and, 도 also

점원 　주문하시겠어요?
하루카 　치즈버거 한 개 주세요.
　　　　그리고 콜라도 한 잔 주세요.

### 문법 사용 Using Grammar

**그리고**

- '그리고'는 앞 문장과 뒤 문장을 단순히 나열할 때 사용해요.
  Use '그리고' to simply list the preceding and following sentences.

**도**

- '도'는 주어나 목적어 기능을 하는 명사 뒤에서 사용되며 대상을 나열하거나 그 앞의 대상에 더해짐을 나타내요.
  '도' is used after a noun that functions as a subject or object, indicating that the item is listed or added to the preceding item.

> **TIP**
>
> '도'는 대상 명사와 단위 명사 모두에 쓰일 수 있어요.
> '도' can be used with both target nouns and unit nouns.
>
> **[예문]**
>
> · 콜라도 한 잔 주세요. (O)   · 콜라 한 잔도 주세요. (O)

> **TIP**
>
> 레스토랑, 식당, 커피숍에서 점원이 손님에게 주문을 받을 때 쓰는 표현이에요.
> These are the expressions used by staff when they take orders in a restaurant, café, etc.
>
> **[예문]**
>
> · 주문하시겠어요? Would you like to order?   · 뭐 주문하시겠어요? What would you like to order?

## 연습 Practice

 **보기**와 같이 말하세요.
Speak as shown in the <Example>.

체첵   뭐 주문하시겠어요?
지원   피자 한 조각 주세요. 그리고 사이다도 두 잔 주세요.
지원   피자 한 조각 주세요. 그리고 사이다 두 잔도 주세요.

# PART 3 > 연습 Practice

**보기** 와 같이 여러분도 메뉴판을 보고 주문해 보세요.
Look at the menu and place an order as shown in the <Example>.

| | |
|---|---|
| 점원 | 주문하시겠어요? |
| 손님 | 네, 아메리카노 한 잔 주세요. |
| 점원 | 여기서 드세요? 포장이에요? |
| 손님 | 여기서 먹어요. 그리고 와플도 두 개 주세요. |
| 점원 | 네, 아메리카노 하나, 와플 두 개요? |
| 손님 | 네. |
| 점원 | 잠시만 기다려 주세요. |

1) 분식

점원 _____
손님 _____
점원 _____
손님 _____
점원 _____
손님 _____
점원 _____

2) 햄버거 가게

점원 _____
손님 _____
점원 _____
손님 _____
점원 _____
손님 _____
점원 _____

# PART 4 　듣기 Listening

 1. 다음을 듣고 알맞은 그림을 고르세요. 🎧 8-4
Listen and choose the correct picture.

① 　② 　③ 　④

 2. 다음을 듣고 알맞은 그림을 연결하세요. 🎧 8-5
Listen and match the correct picture.

① 지원 ●　　　　　　　　　　　● ㉠

② 루카 ●　　　　　　　　　　　● ㉡

③ 후이 ●　　　　　　　　　　　● ㉢

 3. 다음을 듣고 질문에 대답하세요. 🎧 8-6
Listen and answer to the questions.

1) 지금 여기는 어디예요? Where is this person now?
　① 학교　　② 가게　　③ 커피숍　　④ 한식당

2) 지금 이 사람은 무엇을 안(X) 먹어요? What does NOT this person eat?
　① 커피　　② 와플　　③ 쿠키　　④ 초콜릿

3) 이 사람은 뭐 먹어요? 그리세요. What does this person eat? Draw it.

# PART 5　말하기 Speaking

**지금 친구의 가방에 무엇이(뭐가) 있어요?**
What is in your friend's bag right now?
**무엇이 몇 개 있어요? 무엇이 없어요? 친구의 이야기를 듣고 그림을 그리세요.**
How many of each item are there? What is missing? Listen to your friend's story and draw a picture.

**1) 친구1의 가방**

**2) 친구2의 가방**

# PART 6   활동 Activity

**식당, 커피숍 등에 키오스크가 있어요. 키오스크를 사용해 보세요. 그리고 영상을 찍어 보세요.**
There are kiosks in restaurants and cafés. Use the kiosk and record a video.

# PART 7 자가 점검 Self-Check

| | 질문 Questions | 네 Yes | 아니요 No |
|---|---|---|---|
| 1 | 나는 한국어로 음식 이름을 알고 말할 수 있어요.<br>I can understand and use the names of foods in Korean. | | |
| 2 | 나는 하나, 둘, 셋... 숫자를 읽고 말할 수 있어요.<br>I can read and say the numbers one, two, three, etc in Korean. | | |
| 3 | 나는 '개, 명, 병, 잔...' 단위 명사를 알고 말할 수 있어요.<br>I can understand and use Korean unit nouns like '개, 명, 병, 잔...'. | | |
| 4 | 나는 'N+주세요'를 사용할 수 있어요.<br>I can use 'N+주세요'. | | |
| 5 | 나는 '그리고, 도'를 사용할 수 있어요.<br>I can use '그리고 and 도'. | | |
| 6 | 나는 식당, 커피숍에서 주문할 수 있어요.<br>I can order in restaurants and cafés in Korean. | | |
| 7 | 나는 키오스크로 음식, 커피, 차를 주문할 수 있어요.<br>I can order food, coffee, and tea using a kiosk in Korean. | | |

**MEMO**

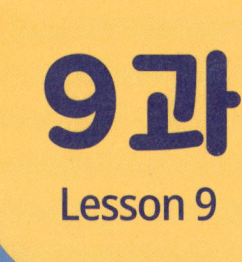

# 오늘 뭐 해요?

What are you doing today?

- 여러분, 오늘 뭐 해요? What are you doing today?
- 여러분은 무엇을 좋아해요? What do you like?

### 학습 목표 Learning Objectives

1. 기본 동사를 알고 말할 수 있어요.

   I can understand and say basic verbs in Korean.

2. '-아요/-어요/-해요' 규칙을 알고 '- 해요' 규칙을 단어에 적용하여 말할 수 있어요.

   I can understand the rules of '-아요/-어요/-해요' and can apply the '-해요' rule to words.

3. 목적어 '-을/를'을 올바르게 사용할 수 있어요.

   I can correctly use the object : '-을/를'.

4. 시계를 보고 시간을 말할 수 있어요.

   I can read and say the time in Korean.

# PART 1   어휘 Vocabulary

## 기본 동사 1 Basic Verbs 1

| | | | |
|---|---|---|---|
| | 운동하다<br>운동하다   운동하다<br>운동하다   운동하다 | | 전화하다<br>전화하다   전화하다<br>전화하다   전화하다 |
| | 공부하다<br>공부하다   공부하다<br>공부하다   공부하다 | | 청소하다<br>청소하다   청소하다<br>청소하다   청소하다 |
| | 일하다<br>일하다   일하다<br>일하다   일하다 | | 이야기하다<br>이야기하다   이야기하다<br>이야기하다   이야기하다 |
| | 숙제하다<br>숙제하다   숙제하다<br>숙제하다   숙제하다 | | 말하다<br>말하다   말하다<br>말하다   말하다 |
| | 사랑하다<br>사랑하다   사랑하다<br>사랑하다   사랑하다 | | 컴퓨터하다<br>컴퓨터하다   컴퓨터하다<br>컴퓨터하다 |
| | 쇼핑하다<br>쇼핑하다   쇼핑하다<br>쇼핑하다   쇼핑하다 | | 생각하다<br>생각하다 생각하다<br>생각하다 생각하다 |
| | 노래하다<br>노래하다   노래하다<br>노래하다   노래하다 | | 요리하다<br>요리하다 요리하다<br>요리하다 요리하다 |
| | 좋아하다<br>좋아하다   좋아하다<br>좋아하다   좋아하다 | | 싫어하다<br>싫어하다   싫어하다<br>싫어하다   싫어하다 |

## 기본 동사 2 Basic Verbs 2

## 기본 동사 3 Basic Verbs 3

**학습 어휘 Learning Vocabulary**

• 좋다 good

## PART 1　어휘

### 시간 time

| 어제 | 오늘 | 내일 | 아침, 점심, 저녁 |

| 오전 | 오후 | 저녁 | 밤 | 낮 |

> **TIP**
> 아침, 점심, 저녁은 식사로도 사용될 수 있어요.
> 아침 (Morning), 점심 (afternoon), and 저녁 (evening) can also be used to refer to meals 'breakfast, lunch, dinner'.
>
> [예문]
> · 저는 아침을 안 먹어요.　　· 언제 점심을 먹어요?　　· 오늘 친구와 저녁을 먹어요.

### 시계 읽기 Reading the clock

_____ 시

| 한 시 | 두 시 | 세 시 | 네 시 | 다섯 시 | 여섯 시 |

| 일곱 시 | 여덟 시 | 아홉 시 | 열 시 | 열한 시 | 열두 시 |

_____ 분

| 오 분 | 십 분 | 십오 분 | 이십 분 | 삼십 분 = 반 | 사십오 분 |

★ **9과, 10과에서는 '-아요/-어요/-해요'를 배워요.**
Lessons 9 and 10 cover '-아요/-어요/-해요'.

## 문법 사용 Using Grammar

- '-해요/-아요/-어요' 가장 두루두루 사용할 수 있는 말로, 질문을 하거나 대답을 할 때 편하게 사용할 수 있어요. 현재시제에 사용하지만 계획이나 가까운 미래에도 사용할 수 있어요.
  '-해요/-아요/-어요' can be used broadly to ask questions or give answers. While used in the present tense, it can also indicate plans or the near future.

| | | -아요 |
|---|---|---|
| ㅏ, ㅗ | 받침 O | 좋다 + 아요 → 좋아요<br>받다 + 아요 → 받아요 |
| | 받침 X | 만나다 + 아요 → 만나요<br>오다 + 아요 → 와요 |
| | | -어요 |
| ~~ㅏ,ㅗ~~ | 받침 O | 있다 + 어요 → 있어요<br>먹다 + 어요 → 먹어요 |
| | 받침 X | 마시다 + 어요 → 마시어요 → 마셔요<br>주다 + 어요 → 주어요 → 줘요 |
| | | -해요 |
| ___하다 | | 하다 → 해요<br>공부하다 → 공부해요<br>쇼핑하다 → 쇼핑해요 |

> **TIP**
>
> 억양에 따라 의미가 달라져요.
> The sentence meaning in Korean changes depending on the intonation.
>
> · 평서문 declarative sentence : 공부해요.(→)
> · 의문문 Interrogative sentence: 공부해요? (↗)
> · 청유문 suggestive sentence: (같이) 공부해요. (↝)
> · 명령문 Imperative sentence: 공부해요.(↘)

9과_오늘 뭐 해요?

# PART 2  문법 Grammar

## 문법 1  -아요/-어요/-해요

후이   지금 뭐 **해요**?
하루카  저는 **청소해요**.

에릭   오전에 뭐 **해요**?
루카   저는 한국어를 **공부해요**.

### 문법 사용 Using Grammar

- '-해요/-아요/-어요' 가장 두루두루 사용할 수 있는 말로, 질문을 하거나 대답을 할 때 편하게 사용할 수 있어요. 현재시제에 사용하지만 계획이나 가까운 미래에도 사용할 수 있어요.
  '-해요/-아요/-어요' can be used broadly to ask questions or give answers to older people, peers, and younger people. While used in the present tense, it can also indicate plans or the near future.

| -아요 | | |
|---|---|---|
| ㅏ, ㅗ | 받침 O | 좋다 + 아요 → 좋아요<br>받다 + 아요 → 받아요 |
|  | 받침 X | 만나다 + 아요 → 만나요<br>오다 + 아요 → 와요 |
| -어요 | | |
| ㅏ, ㅗ ✗ | 받침 O | 있다 + 어요 → 있어요<br>먹다 + 어요 → 먹어요 |
|  | 받침 X | 마시다 + 어요 → 마시어요 → 마셔요<br>주다 + 어요 → 주어요 → 줘요 |
| -해요 | | |
| ___하다 | | 하다 → 해요<br>공부하다 → 공부해요<br>쇼핑하다 → 쇼핑해요 |

166

## 연습 Practice

 **다음 단어들을 '-해요' 형태로 쓰세요.**
Write the following words in the form of '-해요'.

| | -해요 | | | |
|---|---|---|---|---|
| 운동하다 | | | | |
| 공부하다 | | | | |
| 일하다 | | | | |
| 숙제하다 | | | | |
| 사랑하다 | | | | |
| 쇼핑하다 | | | | |
| 노래하다 | | | | |
| 연습하다 | | | | |
| 전화하다 | | | | |
| 청소하다 | | | | |
| 이야기하다 | | | | |
| 말하다 | | | | |
| 생각하다 | | | | |
| 요리하다 | | | | |
| 좋아하다 | | | | |
| 싫어하다 | | | | |

## PART 2  문법

### 문법 2  N을/를

아루잔  지금 뭐 해요?
지원  저는 한국어를 공부해요.

줄리앙  오늘 뭐 해요?
왕페이  저는 쇼핑을 해요.

### 문법 사용 Using Grammar

- '-을/를'은 명사 뒤에 붙어 그 명사가 목적어임을 나타내요.
  '-을/를' is attached to a noun to indicate the object.

■ N을/를

| 의미 | 명사 뒤에 붙어 그 명사가 목적어임을 나타냄<br>Attached to a noun to indicate the object. | | | |
|---|---|---|---|---|
| 형태<br>변화 | 받침 O | 밥: 밥을<br>쇼핑: 쇼핑을 | 받침 X | 공부: 공부를<br>한국어: 한국어를 |

[예문]

· 저는 공부를 해요.      · 저는 쇼핑을 좋아해요.

### 연습 Practice

1. 저는 한국어(을 , 를) 공부해요.      2. 저는 커피(을, 를) 좋아해요.

3. 저는 전화(을 , 를) 해요.      4. 저는 사과(을 , 를) 좋아해요.

5. 저는 김치(을 , 를) 싫어해요.      6. 저는 지금 숙제(을 , 를) 해요.

7. 저는 일(을 , 를) 해요.      8. 저는 운동(을 , 를) 좋아해요.

## 문법 3  시간 + 에

퓨퓨아웅  지금 **몇 시**예요?
에릭     지금 **한 시**예요.

안톤  **몇 시에** 운동해요?
후이  저는 저녁 **여덟 시에** 운동해요.

### 문법 사용 Using Grammar

- '-에'는 시간을 나타내는 단어 뒤에 사용해요.
  '-에' is used after words indicating time.

**[예문]**

· 오전+에, 오후+에, 밤+에     · 저는 오전에 운동해요.     · 저는 오후에 친구와 쇼핑해요.

**TIP**

· 어제, 오늘, 내일, 지금 + 에(X) '에' can not be used with 어제, 오늘, 내일, 지금

### 연습 Practice

 지금 몇 시예요? 한글로 쓰세요.
What time is it now? Write it in Korean.

1) 12:00 _____

2) 5:10 _____

3) 3:30 _____

4) 4:55 _____

5) 1:20 _____

6) 10:00 _____

# PART 3 | 연습 Practice

 **보기**와 같이 쓰세요.
Write as shown in the <Example>.

**보기**

왕페이   아루잔 씨, 오늘 뭐 해요?
아루잔   저는 오늘 <u>운동해요</u>.(= 운동을 해요.)

1)

지원   에릭 씨, 오늘 저녁에 뭐 해요?
에릭   오늘 저녁에 _____ .

2)

하루카   퓨퓨아웅 씨, 오늘 뭐 해요?
퓨퓨아웅   오늘 저는 _____ .

3)

안톤   줄리앙 씨, 뭐 좋아해요?
줄리앙   저는 _____ .

4)

루카   후이 씨, 뭐 싫어해요?
후이   저는 _____ .

# PART 4   듣기 Listening

 1. 아루잔 씨는 내일 오후에 뭐 해요?
What is Arujan doing tomorrow afternoon?.

①    ②    ③    ④

 2. 다음 대화를 듣고 틀린 것(X)을 고르세요.
Listen to the following conversation and choose the incorrect one (X).

① 줄리앙 씨는 지금 공부해요.    ② 줄리앙 씨는 청소를 좋아해요.
③ 퓨퓨아웅 씨는 청소를 싫어해요.    ④ 퓨퓨아웅 씨는 오늘 오후에 청소해요.

 3. 이 사람의 하루 일과를 순서대로 쓰세요.
Write this person's daily schedule in order.

(　　　)    (　　　)    (　　　)    (　　　)

# PART 5 말하기 Speaking

1. 우리 반 친구들은 몇 시에 무엇을 해요? 그림을 보고 말하세요.
   What do our classmates do at what time? Look at the pictures and say it.

**아루잔**

**허지원**

**퓨퓨아웅**

**후이**

**에릭**

**줄리앙**

2. 여러분은 보통 몇 시에 다음과 같은 일을 해요?
   When and at what time do you usually do the following activities?

- 저는 _____ 공부해요.

- 저는 _____ 요리해요.

- 저는 _____ 운동해요.

# PART 6  활동 Activity

1. 친구와 이야기해 보세요.
   Talk with your friend.

   1) 지금 몇 시예요?

   2) 오늘 뭐 해요?

   3) 밤 10시에 보통 뭐 해요?

   4) 오전에 보통 뭐 해요?

2. 아래 그림을 보고 친구와 이야기해 보세요.
   Refer to the pictures below and talk with your friend.

   1) 뭐 좋아해요?

   2) 뭐 싫어해요?

# PART 7    자가 점검 Self-Check

| | 질문 Questions | 네 Yes | 아니요 No |
|---|---|---|---|
| 1 | 나는 기본 동사를 알고 말할 수 있어요.<br>I know and can say basic verbs in Korean. | | |
| 2 | 나는 동사 '00하다'를 '00해요'로 바꾸어 말할 수 있어요.<br>I can change the verb '00하다' to '00해요' and say it. | | |
| 3 | 나는 목적어 '을/를'을 적절히 잘 사용할 수 있어요.<br>I can use the object marker '을/를' correctly. | | |
| 4 | 나는 시계를 보고 정확한 시간을 말할 수 있어요.<br>I can read a clock and tell the exact time in Korean. | | |
| 5 | 나는 '시간+에' 표현을 사용할 수 있어요.<br>I can use the expression '시간+에'. | | |

**MEMO**

# 10과
Lesson 10

# 학교에서 뭐 해요?

What do you do at school?

- 여러분, 오늘 어디에 가요? Where are you going today?
- 여러분은 학교에서 뭐 해요? What do you do at school?
- 하루 일과를 말해 보세요. Talk about your daily routine.

## 학습 목표 Learning Objectives

1. **동사에 '-아요/-어요/-해요'를 활용하여 말할 수 있어요.**
   I can use '-아요/-어요/-해요' with verbs.

2. **장소 어휘를 알고 말할 수 있어요.**
   I can understand and use vocabulary for places in Korean.

3. **'-에 가요', '-에서 -아요/-어요/-해요'를 상황에 맞게 올바르게 사용할 수 있어요.**
   I can correctly use '-에 가요', '-에서 -아요/-어요/-해요' according to the situation.

4. **부정 '안'을 말할 수 있어요.**
   I can use the negative '안'.

5. **나의 하루 일과를 말할 수 있어요.**
   I can talk about my daily routine in Korean.

# PART 1 — 어휘 Vocabulary

## 장소 어휘 Vocabulary for places

학교

도서관

교실/강의실

사무실(학과사무실)

(교수님) 연구실

기숙사

시장

극장(영화관)

노래방

집

백화점

은행

 식당

 카페(커피숍)

 편의점

 마트

 PC방

 회사

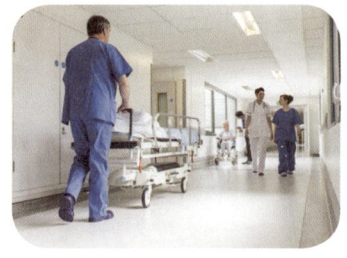 병원

 문구점

 서점

 약국

 우체국

 공항

## 학습 어휘 Learning Vocabulary

- 태권도 Taekwondo
- K-POP(케이팝) Korean pop song
- 묻다 to ask
- 신문 newspaper
- 듣다 to listen
- 길 way
- 드라마 drama
- 걷다 to walk

# PART 2  문법 Grammar

## 문법 1  -아요/-어요/-해요

안톤  오늘 뭐 해요?
후이  저는 친구를 **만나요**.

루카  에릭 씨를 **알아요**?
아루잔  네. 에릭 씨를 **알아요**. 제 친구예요.

### 문법 사용 Using Grammar  -아요/-어요/-해요

| -아요 | | 예 |
|---|---|---|
| ㅏ, ㅗ | 받침 O | 받다 + 아요 → 받**아요**<br>좋다 + 아요 → 좋**아요** |
| | 받침 X | 만나다 + 아요 → 만**나요**<br>오다 + 아요 → **와요** |
| -어요 | | 예 |
| ㅏ, ㅗ ✗ | 받침 O | 있다 + 어요 → 있어요<br>먹다 + 어요 → 먹어요 |
| | 받침 X | 마시다 + 어요 → 마시어요 → 마셔요<br>주다 + 어요 → 주어요 → 줘요 |
| -해요 | | 예 |
| ___하다 | | 하다 → **해요**<br>공부하다 → 공부해요<br>쇼핑하다 → 쇼핑해요 |

**[예문]**

· 이 휴대폰이 좋아요.    · 저는 한국어를 알아요.    · 저는 친구를 만나요.

## 연습 Practice

 **다음 단어들을 '-아요' 형태로 쓰세요.**
Write the following words in the form of '-아요'.

| | -아요 | | | |
|---|---|---|---|---|
| 가다 | | | | |
| 자다 | | | | |
| 사다 | | | | |
| 만나다 | | | | |
| 받다 | | | | |
| 알다 | | | | |
| 오다 | | | | |
| 보다 | | | | |
| 좋다 | | | | |

## PART 2 문법

### 문법 2  -아요/-어요/-해요

지원  오늘 오후에 시간이 **있어요**?
에릭  미안해요. 오늘 오후에 시간이 **없어요**.

퓨퓨아웅  지금 뭐 해요?
왕페이  저는 밥을 **먹어요**.

### 문법 사용 Using Grammar  -아요/-어요/-해요

| -아요 | | 예 |
|---|---|---|
| ㅏ, ㅗ | 받침 O | 받다 + 아요 → 받아요<br>좋다 + 아요 → 좋아요 |
| | 받침 X | 만나다 + 아요 → 만나요<br>오다 + 아요 → 와요 |
| **-어요** | | **예** |
| ~~ㅏ, ㅗ~~ | 받침 O | 있다 + 어요 → 있**어요**<br>먹다 + 어요 → 먹**어요** |
| | 받침 X | 마시다 + 어요 → 마시어요 → 마**셔요**<br>주다 + 어요 →  주어요 → **줘요** |
| -해요 | | 예 |
| ___하다 | | 하다 → 해요<br>공부하다 → 공부해요<br>쇼핑하다 → 쇼핑해요 |

[예문]

· 저는 밥을 먹어요.  · 저는 커피를 마셔요.  · 저는 한국어를 배워요.

### TIP

'듣다(To listen), 걷다(to walk), 묻다(to ask)'는 '-어요'와 결합할 때 조금 다른 모습으로 바뀌어요.
'듣다(to listen), 걷다(to walk), and 묻다(to ask)' are slightly changed when combined with '-어요'.

| 듣다 → 들어요 / 걷다 → 걸어요 / 묻다 → 물어요<br><br>모두 'ㄷ'이 'ㄹ'로 바뀌어요. The final consonant 'ㄷ' changes to 'ㄹ'.<br>그래서 'ㄷ 불규칙'이라고 말해요. So this is called 'ㄷ irregularity rule'. | [예문]<br>· 저는 음악을 들어요.<br>· 저는 공원을 걸어요.<br>· 저는 길을 물어요. |
|---|---|

## 연습 Practice

 **다음 단어들을 '-어요' 형태로 쓰세요.**
Write the following words in the form of '-어요'.

| | -어요 | | | |
|---|---|---|---|---|
| 먹다 | | | | |
| 읽다 | | | | |
| 마시다 | | | | |
| 쉬다 | | | | |
| 배우다 | | | | |
| 춤추다 | | | | |
| 싫다 | | | | |
| 주다 | | | | |
| 듣다 | | | | |
| 걷다 | | | | |

PART 2  문법

## 문법 3  N에 가다/오다/다니다

| 왕페이 | 어디에 가요? | 줄리앙 | 내일 어디에 가요? |
| 하루카 | 저는 지금 카페에 가요. | 안톤 | 내일 극장에 가요. |

### 문법 사용 Using Grammar

- 'N에 가다/오다/다니다'는 장소 명사 뒤에 '에'를 붙여 그 특정 장소에 '가다/오다/다니다'를 표현해요.
  'N에 가다/오다/다니다' is attached after a place noun '에' to express 'going to/coming to/attending' that specific place.

■ 장소N + 에 가다/오다/다니다

| 의미 | 장소 명사 뒤에 '에'를 붙여 '가다/오다/다니다'를 표현<br>Attach '에' to a place noun to express 'going to/coming to/attending' that place. | |
|---|---|---|
| 형태<br>변화 | 장소 명사(N) + 에 가다/오다/다니다 | · 저는 오늘 극장에 가요.<br>· 에릭 씨, 오늘 학교에 와요?<br>· 아버지는 회사에 다녀요. |

[예문]

- 학교에 가요.
- 도서관에 가요.
- 친구가 한국에 와요.
- 저는 학교에 다녀요.

**TIP**

한국어에서는 상대방과 대화 시 주어를 생략하기도 해요.
In korean, the subject can be omitted in conversation.

## 연습 Practice

 **보기** 와 같이 말하세요.
Speak as shown in the <Example>.

**보기**

왕페이　후이 씨, 어디에 가요?
후이　　지금 도서관에 가요.

1)

하루카　어디에 가요?
줄리앙　_____.

2)

퓨퓨아웅　어디에 가요?
에릭　　　_____.

3)

아루잔　어디에 가요?
안톤　　_____.

4)

루카　어디에 가요?
지원　_____.

| PART 2 | 문법 |

## 문법 4  장소 명사(N) + 에서 + 동사

후이　　카페에서 뭐 해요?
아루잔　저는 카페에서 친구와 커피를 마셔요.

지원　　학교에서 뭐 해요?
하루카　저는 학교에서 공부해요.

### 문법 사용 Using Grammar

- 'N에서 + 동사'는 장소 명사 뒤에 조사 '-에서'를 쓰고 그 장소에서 무엇을 하는지를 나타내요.
  'N에서 + 동사' uses the particle '-에서' after a place noun to indicate what is done at that location.

■ N에서 + 동사(V)

| 의미 | 장소 명사 뒤에 '에서'를 붙여 그 장소에서의 행위를 나타냄<br>Attach '에서' to a place noun to indicate an action being performed at that location. | |
|---|---|---|
| 형태<br>변화 | 장소 명사(N) +에서 + 동사(V) | · 저는 영화관에서 영화를 봐요.<br>· 저는 집에서 K-POP을 들어요. |

[예문]

· 저는 집에서 쉬어요.　　　　　　　　　　· 저는 도서관에서 책을 읽어요.

**TIP**

학교에서 가요/와요/다녀요(X)

## 연습 Practice

 **보기**와 같이 말하세요.
Speak as shown in the <Example>.

**보기**

하루카    왕페이 씨, 도서관에서 뭐 해요?
왕페이    도서관에서 <u>**책을 읽어요**</u>.

1)

줄리앙  카페에서 뭐 해요?
아루잔  _____ .

2)

안톤  노래방에서 뭐 해요?
지원  _____ .

3)

퓨퓨아웅  시장에서 뭐 해요?
루카  _____ .

4)

후이  기숙사에서 뭐 해요?
에릭  _____ .

## PART 2 문법

### 문법 5 안 + V

후이   오늘 학교에 가요?
에릭   아니요, **안** 가요.

퓨퓨아웅   게임 좋아해요?
아루잔   아니요, **안** 좋아해요.

### 문법 사용 Using Grammar

- '안'은 동사 앞에 써서 부정의 의미를 나타내요. '운동하다, 공부하다, 쇼핑하다'와 같이 'N+하다'의 동사는 'N+안+하다'로 사용해요.

  Place '안' before a verb to indicate negation. For verbs like '운동하다 (to exercise), 공부하다 (to study), 쇼핑하다 (to shop)', use 'N+안+하다'.

■ 안

| 의미 | 부정 Negation | | | |
|---|---|---|---|---|
| 형태 변화 | 동사(V) | 안 + 동사(V)<br>· 학교에 **안** 가요.<br>· 도서관에서 음악을 **안** 들어요. | N+하다 | N + **안** + 하다<br>· 쇼핑 **안** 해요.<br>* 좋아 **안** 해요(X) → 안 좋아해요. |

[예문]

· 저는 지금 밥을 안 먹어요.   · 저는 커피를 안 좋아해요.   · 저는 오늘 공부(를) 안 해요.

### TIP

'안'과 같은 표현으로 'V+지 않다'가 있어요. 'V+지 않다' is another expression like '안'.
먹다 → 먹지 않다   좋아하다 → 좋아하지 않다   공부하다 → 공부하지 않다

[예문]

· 저는 책을 안 좋아해요. → 저는 책을 좋아하지 않아요.
· 저는 오늘 공부(를) 안 해요. → 저는 오늘 공부를 하지 않아요. / 공부하지 않아요.

📝 표에 쓰세요. Write it in the table.

|  | -아요/-어요/-해요 | 안 | -지 않다 |
|---|---|---|---|
| 자다 | 자요 | 안 자요 | 자지 않아요 |
| 보다 | | | |
| 괜찮다 | | | |
| 사랑하다 | | | |

# PART 3 〉 연습 Practice

 **보기** 와 같이 말하세요.
Speak as shown in the <Example>.

**보기**

지원   어디에 가요?
루카   도서관에 가요.
지원   도서관에서 뭐 해요?
루카   도서관에서 공부해요/책을 읽어요/자요.

1) 커피숍

2) 코인노래방

3) 기숙사

 **보기** 와 같이 말하세요.
Speak as shown in the <Example>.

**보기**

안톤    하루카 씨, 오늘 운동해요?
하루카  아니요, 오늘은 운동 안 해요.
        집에서 쉬어요.

1)

에릭    기숙사에 가요?
아루잔  아니요, _____.

2)

퓨퓨아웅  학교에 가요?
왕페이    아니요, _____.

# PART 4 · 듣기 Listening

 1. 여기는 어디예요?
Where is this person?

① 학교　　　　② 마트　　　　③ 커피숍　　　　④ 식당

 2. 다음 대화를 듣고 답하세요.
Listen to the following conversation and answer.

**1) 다음을 듣고 O, X 하세요.**
Listen and mark O or X.

① 에릭 씨는 학교에 가요.　　　　（　　　）

② 하루카 씨는 서점을 알아요.　　（　　　）

③ 에릭 씨는 공책과 펜을 사요.　　（　　　）

④ 두 사람은 같이 서점에 가요.　　（　　　）

⑤ 에릭 씨는 지금 문구점에 가요.　（　　　）

**2) 다음 그림을 보고 서점과 문구점의 위치가 알맞은 그림을 고르세요.**
Look at the pictures and choose the one with the correct locations of the bookstore and the stationery store.

 3. 다음을 듣고 O, X 하세요.
Listen and mark O or X.

① 줄리앙 씨는 회사원이에요.　　　　　　　　（　　　）

② 줄리앙 씨는 오늘 공항에 가요.　　　　　　（　　　）

③ 공항에 한국 식당이 있어요.　　　　　　　　（　　　）

④ 줄리앙 씨는 한국에서 한국어를 공부해요.　（　　　）

⑤ 줄리앙 씨의 친구는 한국 노래를 안 좋아해요.（　　　）

# PART 5 | 말하기 Speaking

**친구에게 질문해 보세요.**
Ask your friend questions.

| 1 | 제 이름을 알아요? |
|---|---|
| 2 | 오늘 어디에 가요? |
| 3 | 한국음식을 먹어요? |
| 4 | 김치를 먹어요? |
| 5 | 태권도를 알아요? |
| 6 | K-POP을 좋아해요? |
| 7 | 한국 친구가 있어요? |
| 8 | 커피를 마셔요? |
| 9 | 운동해요? |
| 10 | 한국 드라마를 봐요? |
| 11 | 선생님 이름을 알아요? |
| 12 | 신문을 읽어요? |
| 13 | 한국 전화번호가 있어요? |
| 14 | 음악을 들어요? |
| 15 | 도서관에 가요? |
| 16 | 아르바이트를 해요? |
| 17 | 노래방에 가요? |
| 18 | 요리해요? |
| 19 | 기숙사에서 뭐 해요? |
| 20 | 어디에서 산책해요? |
| 21 | 지금 무슨 생각해요? |
| 22 | _____? |
| 23 | _____? |
| 24 | _____? |

# PART 6 > 활동 Activity

**1. 친구의 하루일과를 물어 보세요. 어디에서 무엇을 해요?**
Ask your friend about their daily routine. Where and what do they do?

|  | 오전 | 오후 | 저녁 | 밤 |
|---|---|---|---|---|
| 친구 1 |  |  |  |  |
| 친구 2 |  |  |  |  |
| 친구 3 |  |  |  |  |

**2. 친구에게 질문해 보세요.**
Ask your friend questions.

- 친구는 오늘 뭐 해요? 어디에 가요? 왜 가요?

# PART 7 — 자가 점검 Self-Check

| | 질문 Questions | 네 Yes | 아니요 No |
|---|---|---|---|
| 1 | 나는 동사를 '-아요/-어요/-해요' 규칙에 맞게 바꾸어 말할 수 있어요.<br>I can change verbs according to the '-아요/-어요/-해요' rules and say them. | | |
| 2 | 나는 장소 어휘를 알고 말할 수 있어요.<br>I can understand and use vocabulary for places in Korean. | | |
| 3 | 나는 'N에 가다/오다/다니다'를 활용하여 말할 수 있어요.<br>I can use 'N에 가다/오다/다니다' to speak. | | |
| 4 | 나는 'N에서'를 사용하여 특정한 장소에서 무엇을 하는지 말할 수 있어요.<br>I can use 'N에서' to talk about what is done at a specific place. | | |
| 5 | 나는 '안'을 사용하여 부정 표현을 말할 수 있어요.<br>I can use '안' to make negative expressions. | | |
| 6 | 나는 친구의 하루 일과를 묻고 나의 하루 일과에 대해서도 말할 수 있어요.<br>I can ask about a friend's daily routine and talk about my daily routine in Korean. | | |

정답

듣기 지문

어휘 색인

# 정답

## 1과

**p17 2번** 🎧 1-8
1) ② 아   2) ③ 우
3) ① 오이   4) ③ 아우
5) ② 우애

**p21 1번** 🎧 1-12
1) ③ 노   2) ② 머
3) ④ 루   4) ① 나
5) ② 내   6) ② 므

**p21 2번** 🎧 1-13
1) ① 우리   2) ③ 노래
3) ③ 머리   4) ④ 나라
5) ② 어느

**p28 2번** 🎧 1-20
1) ③ 요   2) ② 예
3) ④ 여우   4) ② 이유
5) ④ 여유

**p34 3번** 🎧 1-27
1) ① 배   2) ③ 뽀뽀
3) ② 아파요

**p34 4번** 🎧 1-28
1) ② 커피   2) ③ 꼬리
3) ② 고기

## 2과

**p42 2번** 🎧 2-6
1) ③ 위   2) ① 외
3) ④ 와   4) ② 워
5) ③ 왜

**p42 3번** 🎧 2-7
1) ② 웨   2) ③ 봐요
3) ② 와요   4) ① 매워요
5) ② 어려워요

**p48 2번** 🎧 2-13
1) ④ 투   2) ③ 떠
3) ② 서   4) ② 씨
5) ③ 사과   6) ① 타요
7) ② 쉬워요   8) ③ 더워요

**p57 2번** 🎧 2-23
1) ③ 짜   2) ② 자
3) ③ 쥐   4) ① 치
5) ④ 초

**p57 3번** 🎧 2-24
1) ② 쥐   2) ③ 차요
3) ① 줘요   4) ② 주스
5) ③ 기차

**p57 4번** 🎧 2-25
1) ② 혀   2) ④ 해
3) ② 허리   4) ③ 하나
5) ④ 호수

## 3과

**p68** 1번 3-18

1) ② 공         2) ③ 삼
3) ④ 담         4) ③ 독
5) ② 박         6) ① 갑
7) ② 락         8) ③ 깃
9) ④ 얼         10) ④ 법

**p68** 2번 3-19

1) ② 삼         2) ③ 꽃
3) ① 부엌       4) ② 사람
5) ③ 자동차

**p69** 4번

1) ①           2) ①
3) ③           4) ③
5) ①

**p69** 5번

1) ㅂ    2) ㄱ    3) ㄷ

**p73** 1번 3-20

1) ②    2) ②    3) ②

**p74** 1번 3-22

1) ②           2) ②

**p75** 1번 3-24

1) ①           2) ②

## 4과

**p95** 1번 4-4

④

**p95** 2번 4-5

1) ①           2) ④

**p95** 3번 4-6

1) 일본 사람이에요.   2) 가수예요.

## 5과

**p109** 1번 5-3

① ㄴ           ② ㄱ
③ ㄷ

**p109** 2번 5-4

④

## 6과

**p123** 1번 6-3

① O           ② X
③ O           ④ X
⑤ X           ⑥ X

**p123** 2번 6-4

③

# 정답

## 7과

**p137 1번** 7-3
③

**p137 2번** 7-4
②

**p137 3번** 7-5
③

**p137 4번** 7-6
1,897,500

## 8과

**p155 1번** 8-4
③

**p155 2번** 8-5
① ㉢    ② ㉡
③ ㉠

**p155 3번** 8-6
1) ③    2) ③
3)

## 9과

**p171 1번** 9-4
②

**p171 2번** 9-5
④

**p171 3번** 9-6
2-3-4-1

## 10과

**p190 1번** 10-6
③

**p190 2번** 10-7
1) ① X    ② O
   ③ X    ④ X
   ⑤ X
2) ④

**p190 3번** 10-8
① X    ② O
③ O    ④ O
⑤ X

# 듣기 지문

## 1과

### track 1-1

모음) 아, 어, 오, 우, 으, 이, 에, 애
이중모음 일) 야, 여, 요, 유, 예, 얘
이중모음 이) 와, 워, 외, 위, 웨, 왜
이중모음 삼) 의
자음 일) ㅁ, ㄴ, ㄹ, ㅇ, ㄱ, ㅂ, ㄷ, ㅅ, ㅈ, ㅎ
자음 이) ㅋ, ㅍ, ㅌ, ㅊ
자음 삼) ㄲ, ㅃ, ㄸ, ㅆ, ㅉ

### track 1-2

모음) 아, 어, 오, 우, 으, 이, 에, 애

### track 1-3

아, 이, 우

### track 1-4

에, 애, 오, 어, 으

### track 1-5

아, 어, 오, 우
아, 애, 에, 이

### track 1-6

아이, 오이, 오이, 아우, 우애

### track 1-7

① 우, 어, 오, 으
② 우, 으
③ 우, 어
④ 어, 오
⑤ 어, 으
⑥ 으, 오

### track 1-8

1) 아   2) 우   3) 오이   4) 아우   5) 우애

### track 1-9

ㅁ, ㄴ, ㄹ, ㅇ

### track 1-10

ㅁ, ㄴ, ㄹ, ㅇ

### track 1-11

나, 너, 나무, 노래, 머리, 우리, 어느, 나라

### track 1-12

1) 노   2) 머   3) 루
4) 나   5) 내   6) 므

### track 1-13

1) 우리   2) 노래   3) 머리   4) 나라   5) 어느

### track 1-14

이중모음 일) 야, 여, 요, 유, 예, 얘

### track 1-15

야, 이, 아, 야, 야
유, 이, 우, 유, 유

### track 1-16

예, 이, 에, 예, 예
애, 이, 애, 얘, 얘

### track 1-17

요, 이, 오, 요, 요
여, 이, 어, 여, 여

### track 1-18

우유, 이유, 예, 아니요, 요리, 여우

### track 1-19

① 야, 유, 요, 여  ② 아, 야  ③ 오, 요  ④ 우, 유
⑤ 어, 여      ⑥ 요, 여  ⑦ 여, 유

### track 1-20

1) 요   2) 예   3) 여우   4) 이유   5) 여유

### track 1-21

ㄱ, ㅋ, ㄲ, ㅂ, ㅍ, ㅃ

### track 1-22

ㅍ, ㅂ, ㅃ

### track 1-23

ㅋ, ㄱ, ㄲ

### track 1-24

배, 아파요, 뽀뽀, 예뻐요
구, 고기, 코피, 커피, 꼬리

### track 1-25

① 바, 파, 빠  ② 바, 파  ③ 바, 빠  ④ 파, 빠
⑤ 부, 푸, 뿌  ⑥ 부, 푸  ⑦ 부, 뿌  ⑧ 푸, 뿌

### track 1-26

① 가, 카, 까  ② 가, 카  ③ 가, 까  ④ 카, 까

### track 1-27

1) 배    2) 뽀뽀    3) 아파요

### track 1-28

1) 커피    2) 꼬리    3) 고기

## 2과

### track 2-1

이중모음 이) 와, 워, 외, 위, 웨, 왜

### track 2-2

와, 우, 아, 와, 와
워, 우, 어, 워, 워
위, 우, 이, 위, 위

### track 2-3

외, 왜, 웨
우, 애, 왜

### track 2-4

와요, 위, 왜, 뭐, 외워요, 매워요, 어려워요

### track 2-5

① 와, 워, 위, 왜
② 외, 왜, 웨
③ 위, 워
④ 외, 위

⑤ 와, 왜
⑥ 와, 워

## track 2-6
1) 위   2) 외   3) 와   4) 워   5) 왜

## track 2-7
1) 웨   2) 봐요   3) 와요   4) 매워요   5) 어려워요

## track 2-8
ㄷ, ㅌ, ㄸ, ㅅ, ㅆ

## track 2-9
ㅌ, ㄷ, ㄸ

## track 2-10
ㅅ, ㅆ

## track 2-11
다리, 타요, 따요, 토마토
사, 사요, 싸요, 써요, 쉬워요, 쉬어요

## track 2-12
① 다, 타, 따  ② 다, 타  ③ 다, 따  ④ 타, 따
⑤ 도, 토, 또  ⑥ 도, 토  ⑦ 도, 또  ⑧ 토, 또

## track 2-13
1) 투   2) 떠   3) 서   4) 씨
5) 사과   6) 타요   7) 쉬워요   8) 더워요

## track 2-14
이중모음 삼) 의

## track 2-15
의, 으, 이, 의, 의

## track 2-16
의사, 의자, 의미, 무늬

## track 2-17
① 의  ② 의사  ③ 예의  ④ 나의 토마토  ⑤ 의의

## track 2-18
ㅈ, ㅊ, ㅉ, ㅎ

## track 2-19
ㅊ, ㅈ, ㅉ

## track 2-20
ㅎ

## track 2-21
자요, 차요, 짜요, 주스, 치즈, 찌개, 하나, 혀, 회사

## track 2-22
① 자, 차, 짜  ② 자, 차  ③ 자, 짜  ④ 차, 짜

## track 2-23
1) 짜   2) 자   3) 쥐   4) 치   5) 초

## track 2-24
1) 쥐   2) 차요   3) 줘요   4) 주스   5) 기차

## track 2-25
1) 혀   2) 해   3) 허리   4) 하나   5) 호수

## 듣기 지문

### 3과

**track 3-1**

ㅁ, 암, 밤, 김치, 사람
ㄴ, 안, 눈, 산, 친구
ㄹ, 알, 물, 발, 딸기
ㅇ, 앙, 빵, 공, 사랑

**track 3-2**

ㄱ, ㄲ, ㅋ, 악
책, 밖, 부엌
ㅂ, ㅍ, 압
집, 앞, 무릎
ㄷ, ㅌ, ㅅ, ㅆ, ㅈ, ㅊ, ㅎ, 앋
끝, 빗, 꽃, 히읗, 받침

**track 3-3**

1) 고, 곰  2) 배, 뱀  3) 추, 춤
4) 모, 몸  5) 꾸, 꿈  6) 사, 삼

**track 3-4**

삼, 이름, 사람

**track 3-5**

1) 나, 난  2) 소, 손  3) 도, 돈
4) 사, 산  5) 누, 눈  6) 무, 문

**track 3-6**

눈, 돈, 우산

**track 3-7**

1) 이, 일  2) 치, 칠  3) 마, 말
4) 파, 팔  5) 수, 술  6) 다, 달

**track 3-8**

술, 발, 일

**track 3-9**

1) 아, 앙  2) 라, 랑  3) 가, 강
4) 바, 방  5) 빠, 빵  6) 고, 공

**track 3-10**

빵, 가방, 자동차

**track 3-11**

1) 시, 십  2) 커, 컵  3) 아, 앞
4) 수, 숲  5) 추, 춥  6) 바, 밥

**track 3-12**

입, 집, 잎

**track 3-13**

1) 야, 약  2) 바, 박  3) 구, 국
4) 푸, 푹  5) 하, 학  6) 채, 책

**track 3-14**

책, 밖, 부엌

**track 3-15**

1) 끄, 끝  2) 바, 밭  3) 비, 빗
4) 나, 낮  5) 오, 옷  6) 꼬, 꽃

**track 3-16**

곧, 옷, 낮, 밭, 꽃, 있다, 히읗

### track 3-17
공, 일, 이, 삼, 사, 오, 육, 칠, 팔, 구, 십

### track 3-18
1) 공  2) 삼  3) 담  4) 독  5) 박
6) 갑  7) 락  8) 깃  9) 얼  10) 법

### track 3-19
1) 삼  2) 꽃  3) 부엌  4) 사람  5) 자동차

### track 3-20
1) 한국어[한구거]  2) 음악[으막]
3) 먹어요[머거요]

### track 3-21
음악[으막], 먹어요[머거요]

### track 3-22
1) 학교[학꾜]  2) 학생[학쌩]

### track 3-23
학교[학꾜], 학생[학쌩]

### track 3-24
1) 축하[추카]  2) 좋다[조타]

### track 3-25
축하[추카], 좋다[조타]

### track 3-26
삶[삼]

### track 3-27
값[갑]

### track 3-28
닭[닥]

### track 3-29
앉다[안따]

### track 3-30
많다[만타]

### track 3-31
싫다[실타]

### track 3-32
A 안녕하세요.
B 안녕하세요.

A 만나서 반가워요.
B 저도 반가워요.

### track 3-33
A 안녕히 가세요.
B 안녕히 계세요.

A 안녕히 가세요.
B 안녕히 가세요.

### track 3-34
A 미안해요.
B 괜찮아요.

## 듣기 지문

A 죄송해요.
B 괜찮아요.

A 죄송합니다.
B 괜찮아요.

### track 3-35

A 고마워요.
B 괜찮아요.

A 고맙습니다.
B 괜찮아요.

A 감사합니다.
B 괜찮아요.

### track 3-36

① 책을 보세요.
② 따라 하세요.
③ 읽으세요.
④ 쉬세요.
⑤ 숙제하세요.
⑥ 질문하세요.
⑦ 대답하세요.
⑧ 맞아요.
⑨ 틀려요.

### track 3-37

① 나는 한국어를 공부해요.
② 나는 우유를 마셔요.
③ 나는 사과를 따요.
④ 나는 토마토를 먹어요.
⑤ 나는 책을 읽어요.
⑥ 책이 있어요.
⑦ 책이 없어요.

## 4과

### track 4-1

하루카  퓨퓨아웅 씨는 요리사예요?
줄리앙  네, 퓨퓨아웅 씨는 요리사예요.

루카  선생님은 어느 나라 사람이에요?
안톤  선생님은 한국 사람이에요.

### track 4-2

에릭  안녕하세요. 이름이 뭐예요?
후이  저는 후이예요.

왕페이  누가 일본 사람이에요?
줄리앙  하루카가 일본 사람이에요.

### track 4-3

왕페이  허지원은 가수예요?
아루잔  아니요, 허지원은 가수가 아니에요. 한국어 선생님이에요.

에릭  퓨퓨아웅 씨는 베트남 사람이에요?
퓨퓨아웅  아니요, 저는 베트남 사람이 아니에요. 미얀마 사람이에요.

### track 4-4

저는 경찰이에요.

### track 4-5

1) 아루잔은 주부예요. 아루잔은 회사원이 아니에요.
2) 왕페이는 배우가 아니에요. 의사예요.

### track 4-6

에릭  안녕하세요. 저는 에릭이에요. 이름이 뭐예요?
하루카  저는 하루카예요.

| 에릭 | 하루카 씨는 어느 나라 사람이에요? |
|---|---|
| 하루카 | 저는 일본 사람이에요. 에릭 씨는 독일 사람이에요? |
| 에릭 | 아니요, 저는 독일 사람이 아니에요. 미국 사람이에요. |
| 하루카 | 에릭 씨는 직업이 뭐예요? |
| 에릭 | 저는 가수예요. 하루카 씨는 직업이 뭐예요? |
| 하루카 | 저는 교환학생이에요. |

## 5과

### track 5-1

| 아루잔 | 이것이 뭐예요? |
|---|---|
| 왕페이 | 이것은 가방이에요. |

| 하루카 | 저것이 뭐예요? |
|---|---|
| 에릭 | 저것은 시계예요. |

| 루카 | 그것이 뭐예요? |
|---|---|
| 안톤 | 이것은 한국어 책이에요. |

### track 5-2

| 줄리앙 | 이 책은 누구의 책이에요? |
|---|---|
| 아루잔 | 그 책은 하루카 씨의 책이에요 |

| 루카 | 그 가방은 누구의 가방이에요? |
|---|---|
| 후이 | 이 가방은 제 가방이에요 |

### track 5-3

<보기>

| 허지원 | 이것이 뭐예요? |
|---|---|
| 루카 | 그것은 의자예요. |
| ① 허지원 | 저것이 뭐예요? |
| 루카 | 저것은 책이에요. |
| ② 허지원 | 이것이 뭐예요? |
| 루카 | 이것은 연필이에요. |

| ③ 허지원 | 그것이 뭐예요? |
|---|---|
| 루카 | 이것은 모자예요. |

### track 5-4

| 안톤 | 에릭 씨, 이것은 지갑이에요? |
|---|---|
| 에릭 | 아니요. 이것은 지갑이 아니에요. 이것은 필통이에요. |
| 안톤 | 에릭 씨의 필통이에요? |
| 에릭 | 네. |

## 6과

### track 6-1

| 왕페이 | 컵이 어디에 있어요? |
|---|---|
| 아루잔 | 컵이 책상 위에 있어요. |

| 루카 | 소파 아래에 가방이 있어요? |
|---|---|
| 에릭 | 아니요, 소파 아래에 가방이 없어요. 소파 옆에 가방이 있어요. |

### track 6-2

| 지원 | 테이블 위에 무엇이 있어요? |
|---|---|
| 안톤 | 테이블 위에 컵과 책이 있어요. |

| 퓨퓨아웅 | 방 안에 무엇이 있어요? |
|---|---|
| 하루카 | 침대와 책상이 있어요. 책상과 침대가 있어요. |

### track 6-3

| ① 지원 | 책상 위에 무엇이 있어요? |
|---|---|
| 안톤 | 책상 위에 컴퓨터가 있어요. |
| ② 지원 | 강아지가 어디에 있어요? |
| 안톤 | 나무 뒤에 있어요. |
| ③ 지원 | 책상 위에 무엇이 있어요? |
| 안톤 | 책상 위에 컵과 컴퓨터가 있어요. |

## 듣기 지문

④ 지원　옷장 앞에 무엇이 있어요?
　안톤　옷장 앞에 의자가 있어요.
⑤ 지원　의자 아래에 무엇이 있어요?
　안톤　의자 아래에 옷이 있어요.
⑥ 지원　가방과 지갑이 어디에 있어요??
　안톤　침대 뒤에 있어요.

### track 6-4

제 책상 위에는 가방이 없어요. 가방은 책상 오른쪽에 있어요. 책상 위에는 책과 볼펜이 있어요.

## 7과

### track 7-1

하루카　전화번호가 뭐예요?
안톤　010 6798 1234예요.
　　　(공일공 육칠구팔 일이삼사예요.)

왕페이　사무실 전화번호가 몇 번이에요?
지원　02 - 2745 - 3267이에요.
　　　(공이(에) 이칠사오(에) 삼이육칠이에요.)

### track 7-2

루카　커피가 얼마예요?
지원　5,000원이에요.

왕페이　그 컴퓨터는 얼마예요?
퓨퓨아웅　1,250,000원이에요.
　　　(백이십오만원)

### track 7-3

전화상황
에릭　왕페이 씨, 하루카 씨 있어요?
왕페이　아니요, 지금 없어요.
에릭　하루카 씨 전화번호가 뭐예요?

왕페이　잠시만요, 하루카 씨 전화번호는 010-3809-4235예요.

### track 7-4

후이　안녕하세요? 펜 있어요?
점원　네, 있어요.
후이　얼마예요?
점원　1,300원이에요.

### track 7-5

안톤　안녕하세요.
루카　네, 어서 오세요.
안톤　이 공책은 얼마예요?
루카　1,800원이에요.
안톤　저 가방은 얼마예요?
루카　12,000원 이에요.
안톤　이 지우개는 얼마예요?
루카　400원이에요.
안톤　연필은 얼마예요?
루카　700원이에요

### track 7-6

지원　안녕하세요? 컴퓨터는 얼마예요?
점원　이 컴퓨터는 1,897,500원이에요.

## 8과

### track 8-1

왕페이　펜이 있어요?
에릭　네, 펜이 하나 있어요.

퓨퓨아웅　햄버거가 몇 개예요?
줄리앙　햄버거가 세 개예요.

### track 8-2

| 지원 | 치즈버거 세 개 주세요. |
|---|---|
| 점원 | 여기 있어요. |

| 아루잔 | 카페라떼 한 잔 주세요. |
|---|---|
| 점원 | 여기 있어요. |

### track 8-3

| 점원 | 주문하시겠어요? |
|---|---|
| 하루카 | 치즈버거 한 개 주세요. 그리고 콜라도 한 잔 주세요. |

### track 8-4

지금은 여덟 시예요.

### track 8-5

① 지원 냉면 두 그릇 주세요. 그리고 불고기도 한 그릇 주세요.
② 루카 새우버거 한 개하고 콜라 한 잔 주세요.
③ 후이 김밥 한 줄 주세요. 그리고 라면도 한 그릇 주세요.

### track 8-6

| 손님 | 저기요, 커피 한 잔, 와플 두 개, 쿠키 다섯 개 주세요. |
|---|---|
| 점원 | 죄송해요. 지금 쿠키는 없어요. |
| 손님 | 아 그래요? 그럼 초콜릿 하나 주세요. |
| 점원 | 네, 잠시만 기다려 주세요. |

## 9과

### track 9-1

| 후이 | 지금 뭐 해요? |
|---|---|
| 하루카 | 저는 청소해요. |

| 에릭 | 오전에 뭐 해요? |
|---|---|
| 루카 | 저는 한국어를 공부해요. |

### track 9-2

| 아루잔 | 지금 뭐 해요? |
|---|---|
| 지원 | 저는 한국어를 공부해요. |

| 줄리앙 | 오늘 뭐 해요? |
|---|---|
| 왕페이 | 저는 쇼핑을 해요. |

### track 9-3

| 퓨퓨아웅 | 지금 몇 시예요? |
|---|---|
| 에릭 | 지금 한 시예요. |

| 안톤 | 몇 시에 운동해요? |
|---|---|
| 후이 | 저는 저녁 여덟 시에 운동해요. |

### track 9-4

안녕하세요. 저는 아루잔이에요. 저는 한글대학교 학생이에요. 저는 오전에 한국어를 배워요. 그리고 숙제를 해요. 내일 오후에는 친구와 쇼핑해요. 오늘 밤에는 운동해요.

### track 9-5

| 퓨퓨아웅 | 줄리앙 씨. 지금 뭐 해요? |
|---|---|
| 줄리앙 | 아, 퓨퓨아웅 씨. 저는 지금 공부해요. |
| 퓨퓨아웅 | 내일 오후에 뭐 해요? |
| 줄리앙 | 내일 오후에 청소해요. 그리고 요리해요. |
| 퓨퓨아웅 | 아, 저는 청소를 싫어해요. 요리는 좋아해요. |
| 줄리앙 | 하하, 저는 다 좋아해요. |

### track 9-6

안녕하세요. 저는 후이예요. 저는 회사원이에요. 저는 오전에 운동을 해요. 낮에 일해요. 오늘 저녁에 친구와 같이 쇼핑해요. 그리고 같이 컴퓨터 게임을 해요.

## 듣기 지문

### 10과

#### track 10-1

| 안톤 | 오늘 뭐 해요? |
|---|---|
| 후이 | 저는 친구를 만나요. |

| 루카 | 에릭 씨를 알아요? |
|---|---|
| 아루잔 | 네. 에릭 씨를 알아요. 제 친구예요. |

#### track 10-2

| 지원 | 오늘 오후에 시간이 있어요? |
|---|---|
| 에릭 | 미안해요. 오늘 오후에 시간이 없어요. |

| 퓨퓨아웅 | 지금 뭐 해요? |
|---|---|
| 왕페이 | 저는 밥을 먹어요. |

#### track 10-3

| 왕페이 | 어디에 가요? |
|---|---|
| 하루카 | 저는 지금 카페에 가요. |

| 줄리앙 | 내일 어디에 가요? |
|---|---|
| 안톤 | 내일 극장에 가요. |

#### track 10-4

| 후이 | 카페에서 뭐 해요? |
|---|---|
| 아루잔 | 저는 카페에서 친구와 커피를 마셔요. |

| 지원 | 학교에서 뭐 해요? |
|---|---|
| 하루카 | 저는 학교에서 공부해요. |

#### track 10-5

| 후이 | 오늘 학교에 가요? |
|---|---|
| 에릭 | 아니요, 안 가요. |

| 퓨퓨아웅 | 게임 좋아해요? |
|---|---|
| 아루잔 | 아니요, 안 좋아해요. |

#### track 10-6

| 점원 | 어서 오세요. |
|---|---|
| 손님 | 카페라떼 있어요? |
| 점원 | 네. 있어요. |
| 손님 | 카페라떼 한 잔 주세요. 얼마예요? |
| 점원 | 4,000원이에요. |

#### track 10-7

| 하루카 | 에릭 씨. 오늘 학교에 가요? |
|---|---|
| 에릭 | 아~하루카 씨. 오늘은 학교에 안 가요. |
| 하루카 | 오늘 뭐 해요? |
| 에릭 | 오늘 서점에 가요. |
| 하루카 | 아, 그래요. 서점에서 뭐 사요? |
| 에릭 | 오늘 책을 사요. 하루카 씨는 오늘 뭐 해요? |
| 하루카 | 저는 공책과 펜을 사요. |
| 에릭 | 아, 그래요? 서점 안에 문구점이 있어요. |
| 하루카 | 네, 알아요. 지금 같이 가요. |
| 에릭 | 미안해요. 저는 오후에 아루잔 씨와 가요. |

#### track 10-8

저는 줄리앙이에요. 저는 프랑스 사람이에요. 저는 지금 한국에서 일 안 해요. 한국어를 공부해요. 오늘 오후에 친구가 한국에 와요. 친구는 K-POP을 좋아해요. 한국음식도 좋아해요. 오늘 공항에서 친구와 같이 비빔밥과 불고기를 먹어요. 그리고 집에 와요.

# 어휘 색인

## 1과

| | |
|---|---|
| 고기 | 33, 34 |
| 구(9) | 33, 34 |
| 꼬리 | 33, 34 |
| 나 | 20, 21, 22 |
| 나라 | 20, 21, 22 |
| 나무 | 20, 22 |
| 너 | 20, 21, 22 |
| 노래 | 20, 21, 22 |
| 머리 | 20, 21, 22 |
| 바빠요 | 34 |
| 배 | 33, 34 |
| 뽀뽀 | 33, 34 |
| 아니요 | 27, 28 |
| 아우 | 16, 17 |
| 아이 | 16, 22 |
| 아파요 | 33, 34 |
| 어느 | 20, 21, 22 |
| 여우 | 27, 28 |
| 예(Yes) | 26, 27, 28 |
| 예뻐요 | 33, 34 |
| 오(5) | 15, 16, 17, 21, 28 |
| 오이 | 16, 17 |
| 요리 | 27, 28 |
| 우리 | 20, 21, 22 |
| 우애 | 16, 17 |
| 우유 | 27, 28 |
| 이(2) | 13, 16, 17 |
| 이유 | 27, 28 |
| 커피 | 33, 34 |
| 코피 | 33, 34 |
| 쿠키 | 34 |

## 2과

| | |
|---|---|
| 거기 | 48 |
| 기자 | 57 |
| 기차 | 57 |
| 다리 | 46, 49 |
| 더워요 | 48 |
| 도끼 | 48 |
| 도와요 | 48 |
| 따요 | 46, 48, 49 |
| 떠요 | 48 |
| 마셔요 | 48 |
| 매워요 | 41, 42 |
| 모셔요 | 48 |
| 무늬 | 52, 58 |
| 뭐 | 41, 49, 58 |
| 미워요 | 42 |
| 배워요 | 42 |
| 벼 | 48 |
| 봐요 | 42 |
| 봬요 | 42 |
| 비워요 | 42 |
| 뼈 | 48 |
| 사(4) | 47, 57, 58 |
| 사과 | 48 |
| 사요 | 47, 49, 57 |
| 샤워 | 48 |
| 쉬어요 | 47, 48, 49, 58 |
| 쉬워요 | 47, 48, 49 |
| 시계 | 48 |
| 시위 | 48 |
| 싸요 | 47, 49 |
| 써요 | 47 |
| 어려워요 | 41, 42, 58 |

# 색인

| | |
|---|---|
| 예의 | 52 |
| 와요 | 41, 42 |
| 왜 | 40, 41, 42, 48, 52, 58 |
| 외워요 | 41 |
| 위 | 40, 41, 42, 48, 52, 57 |
| 의 | 42, 51, 52 |
| 의미 | 52 |
| 의사 | 52, 58 |
| 의의 | 52 |
| 의자 | 52 |
| 자요 | 56, 57, 58 |
| 주스 | 56, 57 |
| 줘요 | 57 |
| 짜요 | 56, 57 |
| 찌개 | 56 |
| 차요 | 56, 57 |
| 치즈 | 56, 58 |
| 코피 | 48 |
| 타요 | 46, 48, 49 |
| 토끼 | 48 |
| 토마토 | 46, 49, 52 |
| 하나 | 56 |
| 해 | 57 |
| 허리 | 57, 58 |
| 혀 | 56 |
| 호수 | 57 |
| 회 | 57 |
| 회사 | 56, 58 |

## 3과

| | |
|---|---|
| 가방 | 65 |
| 값 | 76 |
| 강 | 65, 68 |
| 곧 | 67, 68 |
| 곰 | 64, 68 |
| 공 | 65, 68 |
| 공(0) | 67, 68 |
| 공부해요 | 83 |
| 구(9) | 67, 68 |
| 김치 | 62 |
| 꼭 | 68 |
| 꽃 | 67, 68, 69, 70 |
| 꿈 | 64 |
| 끝 | 67, 70 |
| 낚시 | 69 |
| 낮 | 67, 69 |
| 눈 | 64 |
| 달 | 65, 68 |
| 닭 | 76 |
| 돈 | 64, 68 |
| 딸기 | 62 |
| 많다 | 77 |
| 말 | 65 |
| 맛있어요 | 73 |
| 몸 | 64 |
| 무릎 | 63, 69 |
| 문 | 64 |
| 물 | 82 |
| 밖 | 66, 69, 70 |
| 받침 | 62, 63 |
| 발 | 65 |
| 밤 | 68 |
| 밥 | 66, 68, 69 |
| 방 | 65 |
| 밭 | 67, 68, 69 |
| 뱀 | 64 |
| 부엌 | 66, 68, 69, 70 |
| 빗 | 67, 69 |
| 빵 | 65, 70 |
| 사람 | 64, 68 |
| 사랑 | 68 |
| 산 | 64, 68 |
| 살 | 68 |
| 삶 | 76 |

| 삼(3) | 64, 67, 68, 70 |
|---|---|
| 손 | 64 |
| 수박 | 69 |
| 숙제 | 80 |
| 술 | 65, 70 |
| 숲 | 66 |
| 싫다 | 77 |
| 십(10) | 67, 68 |
| 쌀 | 63 |
| 앉다 | 77 |
| 앞 | 63, 68, 69 |
| 약 | 66 |
| 없어요 | 83 |
| 옷 | 67, 69, 70 |
| 우산 | 64, 70 |
| 육(6) | 67, 68 |
| 음악 | 73 |
| 이름 | 64, 70 |
| 일(1) | 65, 67, 68, 70 |
| 읽어요 | 83 |
| 입 | 66, 69, 70 |
| 있다 | 67, 69, 70 |
| 있어요 | 83 |
| 잎 | 66, 69 |
| 자동차 | 65, 68, 70 |
| 좋다 | 75 |
| 질문 | 81 |
| 집 | 66, 69 |
| 책 | 66, 70 |
| 책상 | 72 |
| 축하 | 72, 75 |
| 춤 | 64 |
| 친구 | 68, 70, 78 |
| 칠(7) | 67, 68 |
| 컵 | 66 |
| 틀려요 | 81 |
| 팔(8) | 67, 68 |
| 학교 | 74 |
| 학생 | 74 |
| 한국어 | 62, 63, 67, 72, 76, 80, 82, 83 |
| 히읗 | 63, 67, 70 |

## 4과

| 가수 | 87, 89, 92 |
|---|---|
| 경찰 | 87, 89, 90, 93 |
| 교수 | 87, 93, 94 |
| 교환학생 | 87, 89, 93 |
| 국가 | 86 |
| 네덜란드 | 86 |
| 누가 | 90, 91 |
| 대학생 | 87 |
| 독일 | 86, 89, 93 |
| 러시아 | 86, 91, 93, 94 |
| 만나서 반가워요 | 87, 97 |
| 몽골 | 86 |
| 무엇 | 90 |
| 뭐 | 90, 94, 95, 96 |
| 미국 | 86, 91, 93 |
| 미얀마 | 86, 87, 91, 92 |
| 배우 | 87, 88, 89, 93 |
| 베트남 | 86, 87, 93 |
| 사람 | 86, 87, 90, 91, 92, 96 |
| 선생님 | 87, 88, 92, 93, 94 |
| 스웨덴 | 86 |
| 씨 | 88, 89, 92, 93, 94, 95 |
| 어느 | 88, 89, 95, 96 |
| 영국 | 86 |
| 요리사 | 87, 88, 89, 90, 92, 93 |
| 의사 | 87, 89, 90, 92, 93, 94 |
| 인도 | 86 |
| 인도네시아 | 86, 94 |
| 일본 | 86, 87, 90, 93 |
| 주부 | 87, 93, 94, 97 |
| 중국 | 86, 87, 90, 93, 94 |

## 색인

| | |
|---|---|
| 직업 | 87, 94, 95, 96 |
| 카자흐스탄 | 86, 91, 93, 94, 97 |
| 캐나다 | 86, 94 |
| 태국 | 86, 93, 94 |
| 튀르키예 | 86 |
| 프랑스 | 86, 87, 92, 93 |
| 학생 | 87, 89, 92, 93 |
| 한국 | 86, 87, 88, 89, 90, 91, 92, 94 |
| 호주 | 86, 93 |
| 회사원 | 87, 93 |

### 5과

| | |
|---|---|
| 가방 | 102, 103, 104, 105, 106 |
| 그것 | 104, 105, 106, 107, 108 |
| 모자 | 102, 108 |
| 문 | 102, 103 |
| 볼펜 | 102, 103, 105 |
| 시계 | 102, 103, 104, 105 |
| 에어컨 | 102 |
| 연필 | 102, 103 |
| 옷 | 102, 108 |
| 우산 | 102, 103, 106, 107, 110 |
| 의자 | 102, 103 |
| 이것 | 104, 105, 106, 107, 108, 111 |
| 저것 | 104, 105, 106, 110 |
| 지갑 | 102, 108 |
| 지도 | 102 |
| 지우개 | 102, 106 |
| 창문 | 102, 103 |
| 책 | 102, 103, 104, 106 |
| 책상 | 102, 103 |
| 칠판 | 102, 103, 105 |
| 커튼 | 102 |
| 필통 | 102, 103 |
| 휴대 전화(=핸드폰) | 102, 103, 108 |

### 6과

| | |
|---|---|
| 강아지 | 116, 122 |
| 거실 | 116 |
| 뒤 | 116, 117 |
| 마당 | 122 |
| 밖 | 116, 117 |
| 방 | 120 |
| 사이(=중간) | 116, 117, 120 |
| 소파 | 116, 117, 118 |
| 아래(=밑) | 116, 117, 118, 119 |
| 안 | 116, 117, 118, 120 |
| 앞 | 116, 117, 122 |
| 액자 | 116, 120 |
| 어디 | 116, 118, 122, 124 |
| 옆 | 116, 117, 118, 124 |
| 오른쪽 | 116, 117 |
| 옷장 | 116, 118, 120 |
| 왼쪽 | 116, 117 |
| 위 | 116, 117, 118, 120, 121 |
| 침대 | 116, 120, 121, 124 |
| 컴퓨터 | 116 |
| 컵 | 116, 118, 120 |
| 테이블 | 116, 120 |
| 텔레비전 | 116 |

### 7과

| | |
|---|---|
| 가게 | 130, 139 |
| 공 | 130, 131, 132 |
| 과일 | 130, 139 |
| 구 | 130, 131, 132 |
| 귤 | 130 |
| 단(파 단위) | 130 |
| 바나나 | 130 |
| 방울토마토 | 130 |
| 사 | 130, 131, 132 |

| | |
|---|---|
| 사과 | 130 |
| 사무실 | 130, 132, 133 |
| 삼 | 130, 131, 132 |
| 수박 | 130 |
| 숫자 | 130, 132, 134 |
| 십 | 130, 131, 134 |
| 십구 | 130 |
| 십사 | 130 |
| 십삼 | 130, 134 |
| 십오 | 130 |
| 십육 | 130 |
| 십이 | 130, 134 |
| 십일 | 130 |
| 십칠 | 130 |
| 십팔 | 130 |
| 양파 | 130 |
| 영 | 130, 131 |
| 오 | 130, 131 |
| 오이 | 130 |
| 육 | 130, 131 |
| 이 | 130, 131 |
| 이십 | 130 |
| 일 | 130, 131, 134 |
| 잠시만요 | 130, 133 |
| 전화번호 | 130, 132, 133, 137, 138, 139 |
| 채소 | 130, 139 |
| 칠 | 130, 131 |
| 파 | 130 |
| 파프리카 | 130 |
| 팔 | 130, 131 |
| 포도 | 130 |

### 8과

| | |
|---|---|
| 갈비 | 144 |
| 감자튀김 | 144 |
| 강아지 | 149 |
| 개 | 146, 147, 148, 149, 150, 151, 152, 154, 156 |
| 권 | 147, 148 |
| 그릇 | 146, 148 |
| 그리고 | 152, 153, 154 |
| 김밥 | 144 |
| 김치 | 144 |
| 냉면 | 144 |
| 넷 | 145, 147 |
| 다발 | 147, 148 |
| 다섯 | 145, 147 |
| 대 | 147, 148 |
| 도 | 152, 153, 154 |
| 돈가스 | 144 |
| 둘 | 145, 147 |
| 떡볶이 | 144 |
| 라면 | 144 |
| 마라탕 | 144 |
| 마리 | 146, 148 |
| 만두 | 144 |
| 맥주 | 145 |
| 명 | 146, 147, 148 |
| 물 | 144 |
| 박스 | 147, 148 |
| 병 | 146, 147, 148 |
| 분(명) | 146, 148 |
| 분식 | 144, 154 |
| 불고기 | 144, 151 |
| 비빔밥 | 144, 149 |
| 산타할아버지 | 145 |
| 새우버거 | 145, 151 |
| 세트 | 146, 148 |
| 셋 | 145, 147 |
| 송이 | 147, 148 |
| 순대 | 144 |
| 스물 | 145, 147 |
| 스시 | 144 |
| 시(시간) | 147, 148 |
| 아메리카노 | 145, 151, 154 |

## 색인

| | |
|---|---|
| 아홉 | 145, 147 |
| 여덟 | 145, 147 |
| 여섯 | 145, 147 |
| 열 | 145, 147 |
| 오뎅 | 144 |
| 와플 | 145, 154, 155 |
| 우동 | 144 |
| 음료 | 144, 147 |
| 인분 | 146, 148 |
| 일곱 | 145, 147 |
| 일식 | 144 |
| 자루 | 146, 148 |
| 자장면 | 144 |
| 잔 | 146, 147, 148, 150, 152, 153, 154 |
| 잠시만 기다려 주세요 | 145, 154 |
| 장 | 147, 148 |
| 접시 | 146 |
| 조각 | 144, 146, 148, 153 |
| 주문하다 | 145 |
| 주스 | 144 |
| 줄 | 146, 148 |
| 중식 | 144 |
| 초밥 | 144 |
| 층 | 147, 148 |
| 치즈버거 | 145, 150, 151, 152 |
| 치킨 | 144 |
| 캔 | 146, 148 |
| 콜라 | 144, 152 |
| 탕수육 | 144 |
| 판 | 146, 148 |
| 패스트푸드 | 144 |
| 포장 | 145, 154 |
| 하나 | 145, 146, 147, 154 |
| 한식 | 144 |
| 햄버거 | 144, 146, 154 |
| 회 | 144 |
| 훠궈 | 144 |

### 9과

| | |
|---|---|
| 가다 | 163 |
| 가르치다 | 163 |
| 공부하다 | 162, 165, 166, 167 |
| 낮 | 164 |
| 내일 | 164, 169, 171 |
| 노래하다 | 162, 167 |
| 마시다 | 163, 165, 166 |
| 만나다 | 163, 165, 166 |
| 말하다 | 162, 167 |
| 먹다 | 163, 165, 166 |
| 명령문 | 165 |
| 반(30분) | 164 |
| 밤 | 164, 169, 173 |
| 배우다 | 163 |
| 보다 | 163 |
| 사다 | 163 |
| 사랑하다 | 162, 167 |
| 생각하다 | 162, 167 |
| 쇼핑하다 | 162, 165, 166, 167 |
| 숙제하다 | 162, 167 |
| 쉬다 | 163 |
| 시간 | 164, 169 |
| 싫어하다 | 162, 167 |
| 아침 | 164 |
| 알다 | 163 |
| 어제 | 164, 169 |
| 오늘 | 164, 168, 169, 170, 171, 173 |
| 오다 | 163, 165, 166 |
| 오전 | 164, 166, 169, 173 |
| 오후 | 164, 169, 171 |
| 요리하다 | 162, 167 |
| 운동하다 | 162, 167 |
| 의문문 | 165 |
| 이야기하다 | 162, 167 |
| 일하다 | 162, 167 |
| 읽다 | 163 |

| | |
|---|---|
| 자다 | 163 |
| 저녁 | 164, 169, 170 |
| 전화하다 | 162, 167 |
| 점심 | 164 |
| 좋다 | 163, 165, 166 |
| 좋아하다 | 162, 167 |
| 주다 | 163, 165, 166 |
| 청소하다 | 162, 167 |
| 청유문 | 165 |
| 춤추다 | 163 |
| 컴퓨터하다 | 162 |
| 평서문 | 165 |

## 10과

| | |
|---|---|
| K-POP(케이팝) | 179, 186, 191 |
| PC방 | 179 |
| 강의실 | 178 |
| 걷다 | 179, 182, 183 |
| 공항 | 179, 190 |
| 과사무실 | 178 |
| 교실 | 178 |
| 극장 | 178, 184 |
| 기숙사 | 178, 187, 189, 191 |
| 길 | 179, 182 |
| 노래방 | 178, 187, 191 |
| 도서관 | 178, 184, 185, 187, 188, 189, 191 |
| 드라마 | 179, 191 |
| 듣다 | 179, 182, 183 |
| 문구점 | 179, 190 |
| 묻다 | 179, 182 |
| 백화점 | 178 |
| 병원 | 179 |
| 사무실 | 178 |
| 서점 | 179, 190 |
| 시장 | 178, 187 |
| 식당 | 179, 190 |
| 신문 | 179, 191 |
| 약국 | 179 |
| 연구실 | 178 |
| 영화관 | 178, 186 |
| 우체국 | 179 |
| 은행 | 178 |
| 집 | 178, 186, 189 |
| 카페 | 179, 184, 186, 187 |
| 커피숍 | 179, 189, 190 |
| 태권도 | 179, 191 |
| 편의점 | 179 |
| 학교 | 178, 184, 186, 188, 189, 190 |
| 회사 | 179, 184 |

| | |
|---|---|
| 초판 인쇄 | 2024년 10월 18일 |
| 초판 발행 | 2024년 10월 25일 |
| | |
| 저자 | 권민지, 김소현, 이소현 |
| 편집 | 권이준, 김아영 |
| 펴낸이 | 엄태상 |
| 표지 디자인 | 공소라 |
| 내지 디자인 | 더블디앤스튜디오 |
| 콘텐츠 제작 | 김선웅, 장형진 |
| 마케팅 | 이승욱, 왕성석, 노원준, 조성민, 이선민 |
| 경영기획 | 조성근, 최성훈, 김다미, 최수진, 오희연 |
| 물류 | 정종진, 윤덕현, 신승진, 구윤주 |
| | |
| 펴낸곳 | 한글파크 |
| 주소 | 서울시 종로구 자하문로 300 시사빌딩 |
| 주문 및 문의 | 1588-1582 |
| 팩스 | 0502-989-9592 |
| 홈페이지 | http://www.sisabooks.com |
| 이메일 | book_korean@sisadream.com |
| 등록일자 | 2000년 8월 17일 |
| 등록번호 | 제300-2014-90호 |

ISBN 979-11-6734-050-4 13710

* 한글파크는 랭기지플러스의 임프린트사이며, 한국어 전문 서적 출판 브랜드입니다.
* 이 책의 내용을 사전 허가 없이 전재하거나 복제할 경우 법적인 제재를 받게 됨을 알려 드립니다.
* 잘못된 책은 구입하신 서점에서 교환해 드립니다.
* 정가는 표지에 표시되어 있습니다.